U0540836

知行合一

费勇讲
王阳明心学

费勇 著

陕西新华出版 三秦出版社

果麦文化 出品

目 录

1　　　序　一生只做一件事

17　　壹　种子法则
67　　贰　心灵法则
117　　叁　纯粹法则
165　　肆　行动法则
213　　伍　担当法则

257　　跋　一件事点亮一生

序 一生只做一件事

陆澄问："主一之功，如读书，则一心在读书上，接客，则一心在接客上，可以为主一乎？"

先生曰："好色则一心在好色上，好货则一心在好货上，可以为主一乎？是所谓逐物，非主一也。主一是专主一个天理。"

——《传习录·陆澄录》

人只有在创造文化的活动中，才成为真正意义上的人，才能获得真正的"自由"；人的本质是永远处于制作之中的；人性并非是一种实体性的存在，而是自我塑造的一种过程。因而，作为一个整体的人类文化，可以被称作为不断解放自身的历程。

——卡西尔《人论》

01

　　王阳明心学在文本上的体现,主要是《传习录》。理解王阳明心学,不妨从"传习"两个字开始。"传",是传授的意思,也有传承的意思。传授什么呢?当然是儒家的经典。传承什么呢?看《论语》中的一个记载,孔子被围困在匡地,他说:"文王既没,文不在兹乎?天之将丧斯文也,后死者不得与于斯文也。天之未丧斯文也,匡人其如予何?"这段话的大意是,周文王去世之后,文化的礼乐制度不就在我这儿吗?假若天意想要让这个传统丧失,那么后面死去的人就不会知道这个传统,或者说,作为人应该遵循的最根本的法则就会消失。假若天意不想丧失这个文脉,那么,匡人又能把我怎么样呢?孔子有一种自信,也有一种使命感,认为自己承担着上天的使命。这种自信和使命感,在王阳明身上也同样强烈,要把周文王、孔子的文脉传下去。

　　再看"习"这个字,意思是反复去练习,反复去做。《论语》

第一句，子曰："学而时习之，不亦说乎？"这里的"时习之"，有三个意思，一是指的是在一生当中不同的阶段，要学习不同的事，古人六岁学习识字，七八岁，学习简单的礼节，十岁学习计算，等等；二是指不同的季节学习不同的事情，夏季诗歌弦乐，秋季射击打猎；三是指一天当中不同时间的学习安排。合起来，大概的意思就是，学习经典，并能够时时去练习去实践，是一件让人内心快乐的事情。

这是"传"这个字和"习"这个字的儒家源头。明白了这个源头，我们就能明白王阳明心学的本怀是什么。传授儒家经典的道，并使得大家能够去实践，肩负起读书人的使命，让我们的道不要沉沦。这是王阳明心学的本怀。

02

王阳明倡导知行合一，因此，学习王阳明心学，不能只看文本，还要了解王阳明在现实生活里是一个什么样子。从他的人生经历中可以体会他的心学。关于王阳明的经历，有两个关键点。

第一个关键点，要放在中国古代士大夫这个群体中去看，也要放在明朝这个特殊的时代去观察。中国古代的士大夫，接近于现在所说的知识分子，又有很大的不同，一般的职业是官员，但又和现在的官员不太一样。《论语》中曾子对于士有一个定位："士不可以不弘毅，任重而道远。仁以为己任，不亦重乎？死而后已，不亦远乎？"可以看出士大夫所要完成的使命和人格。

中国历史有一个特点，一方面是专制的皇帝制度，另一方面却是先进的科举制度，平民子弟通过科举可以成为士大夫，帮助皇帝治理国家。北宋士大夫的地位得到最大的重视，和皇帝共治天下。元代对于这种传统有所毁坏。明代的政治可以用黑暗来形容，前所未有地取消了丞相这个职位，对于士大夫（读书人）表现出极大的不信任。唐代的时候，大臣可以站着和皇帝说话。宋代是坐着，称皇帝为官家，君臣的关系有点接近现代的上下级关系。明代对于大臣实行廷杖（当廷打屁股），这是历史上一次对于"士大夫"的羞辱。到了清代，旗籍官员自称"奴才"。

明清在政治制度上，是大倒退。有明一代，基本是宦官弄权。但另一方面，明代的科举制度越来越成熟，官员的选拔制度也变得成熟，学校发达，平民子弟除了通过科举考中进士或举人而当官，还可以进入国子监以监生资格得官，还可以由朝廷不定期访求或由有名望的地方官推荐。这个背景下，社会风气是读书人忘了士大夫的本义，读书就是为了做官。官场的风气也很腐败。王阳明在这样一个历史大背景下，倡导知行合一和良知，是想恢复儒家的道统，希望士大夫担负起应有的使命。

第二个关键点，要从王阳明本人的经历去观察。王阳明的一生，是立志做圣人的人生传奇。王阳明，原名王云，后改名为王守仁，生于公元明宪宗成化八年（1472），明世宗嘉靖七年（1528）去世，浙江余姚人，他父亲叫王华，是明成化十七年（1481）的状元，做官做到南京吏部尚书。他祖父叫王伦（字天叙），应该是一个洒脱不羁的人,当时的人把他比作陶渊明、林和靖。再往上追溯,可以追到西晋时候琅琊孝子王览,王览的曾孙就是书法家王羲之。王羲之定居浙江绍兴,一直传到二十多代,有个王寿,移居到余姚,成为余姚王阳明家族的起源。

据说王阳明出生前,他祖母做了一个梦,梦见天上一个神仙踏着祥云把一个可爱的婴儿送到自己怀里。然后,隔壁就有婴儿的啼哭,儿媳妇生下了一个儿子,就是王阳明。他祖父为了纪念这个梦,就把婴儿取名王云。奇怪的是,这个孩子直到五岁,还不会说话,将近六岁那一年,有一天,一个和尚从门口经过,看到王阳明,感慨说:"天机是不可泄露的,你们既然泄露了,他自然就不会说话了。"于是,他祖父把他的名字改为守仁。果然,很快就会说话了。

王守仁年轻的时候,曾经去家乡附近的阳明洞筑室读书,所以,后来的人都叫他阳明先生。关于王阳明的生平事迹,一定有一些添油加醋的成分,这也是人性的通病,喜欢神化一些自己喜欢的人,当作神供奉起来。但王阳明一生的经历,确有非凡之处。一是他很小的时候,就显现了不凡的天赋,二是他一生的经历挺传奇的,几乎像一部武侠小说。

王阳明十一岁那年,跟随祖父去京城,经过镇江时,祖父邀约了一群朋友在金山寺喝酒。从前的文人,一起喝酒就免不了要即席赋诗,就在大家想着写什么好的时候,王阳明突然高声朗读了一首自己写的诗:"金山一点大如拳,打破维扬水底天。醉倚妙高台上月,玉箫吹彻洞龙眠。"在场的人都很吃惊,一个十一岁的小孩怎么能写出这样的诗？有人提议以眼前的"蔽月山房"为题，再写一首，结果，王阳明很快就脱口而出：

山近月远觉月小，便道此山大于月。

若人有眼大于天，还见山小月更阔。

这首诗显现了王阳明广阔的视野。十五岁那年，王阳明自己一个人出游长城居庸关一带，进入塞外蒙古等少数民族的区域，考察他们的情形，一个月后才回到京城。十七岁奉父亲之命，到江西去结婚，迎娶江西布政司参议诸养和的女儿。结婚那天，准备行礼的时候，突然不见了王阳明。原来他一个人到外面散步，走到铁柱宫，遇到一个道士，就聊起了养生之说，把婚礼给忘了。等到诸家的人找到他，差不多已经是第二天凌晨。

王阳明考了两次会试，都落榜了，直到第三次考试，终于考中进士。考中进士后在工部、刑部等当官，本来可以按部就班一步一步晋升，但王阳明在正德元年（1506）上书皇帝，抨击当时的太监刘瑾，被关进监狱，出狱时还遭到廷杖四十的惩罚。在监狱里，王阳明每天读《周易》，思考其中的玄理。最后皇帝下诏，把王阳明发配到贵州龙场做驿丞。

去贵州的途中，经过浙江，王阳明发现有杀手跟着他。在钱塘江边，王阳明写了两首绝命诗，跳进了钱塘江。杀手以为他已经自杀，就回京城去向刘瑾报告了。不想王阳明是假装自杀，实际上是躲在一条商船的下面。他跟着这条商船，一直漂到了福建沿海，上岸后向武夷山走去。在山里，他遇到了一个人，这个人就是二十年前他在江西铁柱宫遇到的那位道士。这位道士点拨了王阳明，不应该逃避，而是应该到龙场去赴任。当然，关于王阳明躲避追杀，从海上逃到武夷山，有学者怀疑是王阳明的学生编造的，并非真实。

到了龙场，王阳明建立了龙冈书院，传播文化，开展教育。最重要的是，龙场在王阳明的精神历程上，是一个里程碑式的地方，叫做"龙场悟道"。王阳明讲心学，就是从龙场开始的。正德五年（1510），朝廷任命王阳明做庐陵县令，在县令任上，王阳明显示了杰出的管理才能，和处理复杂事件的应变能力。当年，升任南京刑部主事，不久又调任北京吏部主事。

正德十一年（1516），王阳明升任都察院左佥都御史，巡抚南（安）、赣（州）、汀（州）、漳（州）等地。这几个地方，多年来一直遭受匪患，历任官员都无能为力，但王阳明以一介书生，展现了卓越的军事才能，不仅歼灭了四股土匪力量，而且为当地制定了长治久安的方法。这次江西平寇是王阳明一生中最为称道的事功之一。

第二大事功是平定宁王叛乱。宁王朱宸濠的祖上是朱权，是朱元璋第十七个儿子，当年燕王朱棣骗取他的信任，一起造反，夺取了皇帝的位置，但朱棣当了皇帝后，没有实现自己的承诺，反而把朱权打发到南昌。到朱宸濠，已经是第四代的宁王。因为历史上的过节，宁王家族一直有不满，正好当时的皇帝朱厚照荒淫无能，朱宸濠觉得机会来了，于是，他网罗人才，苦心经营，终于在正德十四年（1519）起兵造反。王阳明当时已经升任都察院右副都御史，正被朝廷派往福建剿匪，途中听到宁王起兵，又折回南昌。由于兵力相差悬殊，当时的官员都在观望，而王阳明却用计谋打败了宁王。

当然，由于皇帝的昏庸，王阳明不仅得不到表彰，还差一点被诬陷为宁王同谋。正德十六年（1521），武宗朱厚照死了，世宗嘉靖皇帝继位。嘉靖下诏封王阳明为新建伯，在明代这是一个很高的荣誉。此后几年，王阳明一直在家乡讲学，直到嘉靖七年（1528），朝廷又派王阳明去广西剿匪，这是他一生中第三大"事功"。那时王阳明已经五十八岁，还患有肺病，一路颠簸，到了广西，以招抚的办法，和平地解决了匪患。王阳明在给皇帝的上疏中提到，广西思恩十八九年间，不断有人造反，是因为官员的设置体制出现了问题。

嘉靖七年十月二十九日，在广西返回浙江的途中，在一个青龙铺的地方，病入膏肓的王阳明到了生命最后一刻，他的学生问他有什么遗言，他回答："此心光明，亦复何言！"说完，就溘然长逝。他的遗体葬在浙江绍兴兰亭洪溪仙霞山的南麓。

03

王阳明教育学生，总是强调不管做什么，还是学什么，你要回到那个根本，如果回到了那个根本，那么，什么事都不是事儿，没有问题是解决不了的。你一生所要做的，只需要抓住那个根本，人生自然就会顺畅。那么，如何抓住那个根本呢？王阳明用了三个概念展开了一套认知和修习体系，也可以说是他的心学体系。

第一，心即理。王阳明龙场悟道，悟出了什么？"圣人之道，吾性自足。"那么，这个自足的性在哪里呢？在心里。心即理，回到心里，就是回到了天理，回到了那个最本原的东西。所以，你要回到你的内心。但是问题来了，有人问王阳明："人都有这颗心，心即理。为什么有人会行善，有人会作恶呢？"王阳明回答："因为恶人的心，失去了心的本性。"有一个清净的本心存在，"恶"是因为失去了这个本心。所以，做人的根本，就是要把这个本心找回来。比喻的说法是，心像一面镜子，圣人的心，或者说，觉悟了的人的心，很清净，但凡夫的心，沾染了很多灰尘。王阳明有时候把这个本心叫做"道心"，没有人为因素的污染，而被人为因素污染的心，叫"人心"。

心即理。前提是你的心必须是清净的。所以，要修炼，要用功，怎么用功呢？王阳明说："吾辈用功，只求日减，不求日增。减得一分人欲，便是复得一分天理，何等轻快脱洒，何等简易！"

第二，知行合一。知行有两个重点，第一个重点，就是王阳明反复讲的，知和行是同一件事。那么，如何让知和行成为同一件事呢？王阳明的回答是立志。知行合一的本体是立志，立志就是确立成为圣贤的人生目标。很多人不能够做到知行合一，是因为他们没有人格上的志向，没有做一个圣人的目标。

在王阳明看来，你只要认定一个简单的天理，成为自己的信念，你就会活得很好，做什么事都可以。这一点非常重要，王阳明讲的立志，不是要赚多少钱，当多大官，而是儒家的信念：成就一种美好的人格，你就可以获得丰厚的人生。

第二个重点，知行合一，某种程度上是对虚伪的社会风气的反拨。有的人其实并不相信挂在墙上的口号，但因为谋生的原因不得不去做，很拧巴，内心想的和做的，不太一样。整个社会有一种精神分裂的状态。像贪官污吏，一个个满口正能量，但私下男盗女娼。问题是大家都不当回事，整个社会的风气很造作很虚伪，场面上说一套，行动上又是另一套。

王阳明曾经给朋友的信里，对于当时虚伪的社会风气痛心疾首。王阳明在讨论孝道的时候，特别强调怎么孝顺并不重要，重要的是你真正要有孝心，如果没有这个孝心，"就像演员，扮演出各种孝顺的仪式、样子，但这是真的孝顺吗？"在一个虚伪道德风气里，普通人过得都很拧巴，而权力场的人往往虚伪。两者共同的特点都是缺乏原则，缺乏自洽的逻辑，在自相矛盾里求生存。区别在于拧巴是和自己过不去，也和别人过不去，但并不想害人，更多的是自己的求生欲。而虚伪是欺骗别人，也欺骗自己，有谋取私利的意图在，为了谋取私利不惜牺牲自己的尊严和人格，当然也会损害别人的利益。虚伪可以说是人性中最大的恶，个人的问题，社会的问题，都由表里不一的虚伪引发。

归纳起来，王阳明的"知行合一"强调的是人应该遵从自己的内心去恪守一个简单而基本的信念和原则，然后，将其融入到自己的日常行为里。其中的关键是你要坚信这个原则，并把它变为一种日常的生活方式。王阳明的这一套，当然有不够缜密之处，但确实非常励志，也很有效。事实上，很多成功的企业家或科学家，总结自己的经验，都没有什么高深的东西，不过是恪守了自己内心的热爱和原则。今天人们甚至认为，很多商品贩卖的并不是产品，而是信念。只有你带着信念去做商业，你才能成功。

知行合一，不是一种理论，而是一种行动逻辑，是一种如何把事情做成的逻辑。如何做成事呢？在朱熹看来，"义理不明，如何践履？"有人反驳说："只要践履，就能明白义理。"但朱熹说："好比你要去一个地方，路都不晓得走，怎么去走？"一般人都会觉得朱熹讲的没有错，我们去什么地方，总得把路怎么走弄清楚，然后上路，这样才不至于出什么差错。

但王阳明并不赞同朱熹的看法，他的思路是，只要立志去某个地方，就一定不会走错路，一定可以到达，如果你走错了，那一定是你并没有真心诚意地想去那个地方。我们回顾一下，王阳明和朱熹的分歧，是从格物开始，朱熹认为，万事万物都有一定的定理，格物就是探究万事万物的定理。而王阳明认为，万事万物并没有什么定理，而是我们的内心有定理，我们应该去把我们内心的定理挖掘出来，那么，看待万事万物，都能看到天理。

这个分歧很微妙，但又很深刻，是两种完全不同的认知和方法论。大致来说，一个是因为看见所以相信，一个是因为相信所以看见。当然更深的意思是，你必须先有一个来自心的统摄性的力量，这种力量会给你方向，带你解决遇到的各种问题。

第三，致良知。后期王阳明只用"良知"这个词，涵盖了他心学的内涵，他对学生说："良知是心的本体，心自然具备良知。看见父母自然知道孝顺，看见兄长自然知道恭敬，看见小孩落井自然有同情之心。这就是良知，不必向外求取。如果良知显露，又没有被私欲迷惑，就是《孟子·尽心上》所谓'充分地生发恻隐之心，而仁慈之心就没有用尽的时候了'。但是，对于平常人而言，不可能完全摒弃私欲的障碍，因此，必须用'致知格物'的功夫，摒除私欲，恢复天理，让本心的良知不再有私欲的障碍，能够发挥无碍，充分地流动开来，这就是'致良知'（达到良知）。达到了良知自然就能意诚了。"

但王阳明又多次解释，这个良知，并非一个固定的念头或教条，占据在我们心里，良知恰恰是一种不执着、不僵化的状态，像一面明亮的镜子。当心像一面明亮的镜子，心会告诉我们一切，一切的真相。

04

历史上，禅宗是佛教的一次革命。人人皆有佛性，因此，只要你回到自性，就可以成佛，不需要依赖寺庙，也不需要依赖佛祖，个人完全可以透过自我修行而开悟。把觉悟的主导权完全交给了个人。西方的马丁·路德也是如此，是基督教的一次革命，把救赎的权力从教会和祭司中解放了出来，交给了信仰者。王阳明心学是儒家的一次革命，人人都是圣人，只要你知行合一、致良知,你就是圣人。

对于时代,个人好像无能为力。心怀慈悲,也阻止不了战争的爆发;心怀正义,也改变不了社会的种种不公;诸多事情,再努力也无济于事。但是,做一个善良的人、做一个自律的人、每天早起、坚持运动、清淡饮食,诸如此类,只要你愿意做,就一定能够做到。

在黑暗里,固然要去寻找光明,但最彻底的,是让自己成为发光体。王阳明的知行合一,就是要让自己成为发光体,让自己内心的光明照耀世间。王阳明一生,非常坎坷,好几次处于死亡边缘,但每次都化险为夷。有一个学生问他有什么诀窍,王阳明说没有诀窍,只不过是他做到了知行合一,内心有良知。

很多人把王阳明看作是一个成功者,但实际上,在我看来,王阳明的一生,展现的是一个成长的故事,而他的心学,更不是什么成功学,而是对于成长的探究,对于如何成为一个人的探究。王阳明说:"如果我遵循了我内心的良知,觉得这个事情不应该做,那么,即使孔子说过可以做这个事,我也不会去做。"他的意思是你自己要去创造一个你自己的世界,成为一个你应该成为的人,这是我们这一生唯一应该去做的事。

事实上,即使今天,很多所谓成功的优秀企业家,之所以成功,也不只是成功的故事,更是一个个人成长的故事,一个如何做人的故事。我把王阳明心学提炼成五个法则:种子法则、心灵法则、纯粹法则、行动法则、担当法则。透过这五个法则,探讨生命成长的奥秘,以及人如何找到自己的本原,从而做自己命运的主人。这是一次洞察人性的旅程，也是一次自我认知的旅程，更是一次在当下即刻行动的旅程。

　　看清人性的真相，找到成长的源泉，不再慌张，不再恐惧，每一个当下都在坚定的行动之中。不管时代怎么样，愿我们都要竭尽全力，做更好的自己，拥有一个我们想要的人生。

壹

种子法则

吾教人致良知，在"格物"上用功，却是有根本的学问。日长进一日，愈久愈觉精明。世儒教人事事物物上去寻讨，却是无根本的学问。方其壮时，虽暂能外面修饰，不见有过，老则精神衰迈，终须放倒。譬如无根之树，移栽水边，虽暂时鲜好，终久要憔悴。

——《传习录·黄修易录》

01　找到成长的根源

王阳明心学一个最基本的核心，可以归纳为种子法则。在王阳明看来，一辈子最重要的，是成为一个应该成为的人，那么，如何成为你应该成为的人呢？首要的是找到你自己的"种子"。在生物学意义上，所谓种子，是生命的根基，也是生命的起源。一个生命会长成什么样，关键是种子；一个生命在成长过程中，就好像植物，一定要在种子上下功夫，植物才会生长。如果我们离开了种子，那么，无论怎么花功夫，这棵树，或者花朵，都不会生长。

在《传习录》里，王阳明经常喜欢用树来比喻人的成长，反复告诫自己的学生，一定要抓住根源。在根源上下功夫。这个根源，王阳明有时候把它叫做心体，就是心灵的本体。陆澄有一次问王阳明："事物的名称、实物、仪则、数目，需要先行研究吗？"

先生说:"人只要能成就自己的心体,那么已经包含这些了。倘若心体存养已达到'未发之中',自然就能'发而中节之和',也就是说,做什么都没有问题。如果没有成就自己的心体,即使事先研究了世上许多名物度数,也与自己的本心毫不相干,只是一时的装饰,没有什么用处。当然,也并不是说完全不管名物度数,只是要'知道所做事情的先后顺序,就接近道了'。"

在王阳明看来,本质、核心就是自己的心体。自己的心体,就是我们的种子,抓住了这颗种子,就是抓住了做事的根本,抓住了这颗种子、这个根本,其他的都是技术层面的事,都不会很难。王阳明有一个概念,叫"主一",特别值得我们重视。甚至可以说,明白了这个"主一",一心去"主一",这一辈子,不论你遇到什么,你都会见到美好。按照王阳明的说法,只要你能够做到主一,把主一这件事做好了,就什么事都可以做好。

什么是主一呢?还是那个陆澄,有一次问王阳明:"'主一'的功夫,比如读书的时候,一心在读书上;比如接待客人的时候,一心在接待客人上;这样就是'主一'了吗?"王阳明回答:"这样不是主一,而是逐物,跟着事物在跑;真正的主一,是不管做任何事,都在专主一个天理上。"

这里,王阳明把"主一"和专注、专一区分了开来。专一、专注是做具体事情的态度,而"主一"是整个人生的方向和根本。如果我们的人生没有"主一",那么,在具体事情上再多的专注、专一也只是打杂而已,不会让我们这一生有所成就。王阳明在《传习录》里反复强调,你要找到一个一以贯之的东西,不论做什么、做多少事，都是在做同一件事；他又说这个一以贯之的东西，就好像树的根：找到了根，就是找到了根本，你做什么，都会生长出绿叶；如果找不到这个根，无论你在绿叶上下多大的功夫，树都会枯萎。

"立志用功，就好像种树。开始生根发芽，没有树干；有了树干，没有枝节；有了枝节，然后有树叶；有了树叶，然后有花果。刚种植时，只顾栽培浇灌，不要想着枝啊，叶啊，花啊，果啊。空想有什么用？只要不忘记在栽培浇灌上下功夫，就不用担心没有枝叶和花果！"

这个根，就是天理。主一，就是要为我们的生命找到根，找到根源，然后，一生都专一在这个根上，你的一生，就会像树一样枝繁叶茂；你的一生，就会脉络清晰简单，而色彩斑斓丰富。找到了这个根，就不会在各种事务中疲于奔命，就不会在各种潮流中茫然无措。

在另一个场合，王阳明从另一个角度清晰地解释什么是种子法则："所以要有一个本原。圣人能让天地定位、万物化育，也只是从喜怒哀乐还没有生发的中和状态里修养得来的。后世儒生不明白格物的学说，看到圣人无所不晓，无所不会，就想在开始时把一切彻底推究明白，哪有这样的道理！"

在王阳明看来，掌握了本原，也就是抓住了一个主宰："天地间的万物变化，没有瞬息停止过。但有了一个主宰，就能不先不后，不急不缓……这就是所谓的'天君泰然，百体从令'（如果我们的内心安定自在，那么，一切都随着这颗心井然有序）。如果没有主宰,就只剩'气'在四处奔流,人怎么会不忙呢?"

他又用船的舵作为比喻:"做学问必须有个根本的宗旨,下功夫才有着落;即使做不到从不间断,也可以像船有一个舵,一提就能找到正确的方向。否则,虽然是做学问,但也只是'义袭而取'(只是偶然合乎天理而有所获),日常的行为还是没有方向,对于自己的习气没有省察,活着就始终到不了最根本的大道。"

总之,有了种子,有了本原,就"有了根本的宗旨,横说直讲,不管怎么说都对。如果这个明白,到那个又不明白了,就说明你还没有真正掌握到最根本的宗旨"。

总的来说,王阳明心学的基本核心,就是种子法则,所谓种子法则,就是任何时候你不要离开你自己的本原,就好像树一样,要有自己的根,就好像水一样,要有自己的源头。所以,你一定要找到属于你的那颗种子,这是你生命的原动力,有了它,你的生命就可以像树一样不断生长,像水一样源源不绝。王阳明心学所讲的,以及他自己一生的实践,可以说都是在探究如何找到那颗种子,以及如何让这颗种子生根发芽,开花结果。

02　十二岁的王阳明确立了成圣的志向

十二岁的王阳明确立了成圣的志向。这个志向一下子把王阳明和同时代人拉开了距离。如果我们了解历史，就会知道王阳明生活时代社会的特点，一方面是商业的觉醒，是向着海洋的远行，另一方面是封闭，是政治的残酷。残酷到什么程度呢？和王阳明同时代的文徵明（1470—1559）在北京期间给岳父写过一封信，提到短短几天内，官员被杖死者十六人，充军者十一人，削官为民的四人。所以，文徵明不敢再待在官场，找了借口向皇帝请辞，回到老家苏州，把园林当作了桃花源。

那个时代的读书人都通过科举实现自我价值，但这个自我价值只是为了做官；读书已经不是为了人格的完善，而是为了做官。王阳明却从少年时代就在寻求一种"一以贯之"的东西。十二岁的时候，他在北京读私塾，却不好好读书，总是和一群孩子玩军事方面的游戏,他父亲就训斥他:"我们家世代读书,你怎么去玩这些?有什么用呢?"王阳明反问:"读书有什么用?"他父亲回答:"读书可以做大官,可以像父亲我那样中状元。"王阳明又问:"那么,状元可以传多少代呢?"他父亲回答:"当然只能一代,我是状元,不能传给儿子。"王阳明就说:"只能维持一代,那就没有什么好稀罕的。"

只有一代,就没有什么好稀罕的。一个十二岁的少年,想要的是能够超越时间的东西。而在一年前,十一岁的王阳明写出了这样一首诗:"山近月远觉月小,便道此山大于月;若人有眼大如天,还见山小月更阔。"努力超越空间的局限,获得一种更开阔的视界。

那么,对于个人来说,怎么样才能超越空间和时间呢?还是在十二岁那一年,少年王阳明给出了回答。十二岁的王阳明问私塾老师:"什么是最重要的事呢?"老师不假思索回答:"读书做官啊。"但王阳明反驳说:"恐怕不是吧,应该是读书做圣贤。"梁启超说:"这一问一答,问出了三百年的启蒙思潮。"梁启超是从历史的角度,评价了王阳明这个回答里包含的"人人皆可成圣贤"的理念,对于中国文化的重大意义。对于王阳明个人来说,这个回答奠定了他一生的基础,也是心学的起点。是做官,还是做圣贤(圣人)?听起来好像只是做什么的不同,但实际上差别巨大,会把人带向完全不同的生存状态。

王阳明的立志成圣,既没有走上退隐的路,也没有走上绝大多数人走的做官的路,而是走了一条自我人格完善的路。其实是回到了儒家的初心,恢复了儒家的源流:要做人,做你应该成为的那种人。

儒家从创始人孔子，到孟子，再到宋明理学，一直认为三代（尧、舜、禹时代）和周文王时代，是理想的和谐社会，如何回到那个和谐社会？他们开出的药方是：个人的德性。也就是每个人注重道德修养，成为君子，成为圣人，整个社会就可以变得很美好。那么，怎么才能让个人变成君子，变成圣人，儒家逐渐形成了一套教育体系，体现在四书五经里。

五经是《诗经》《尚书》《礼记》《易经》《春秋》，也有说六经的，还有一部失传了的《乐经》。这几部经典包括了历史、哲学、文艺、礼仪等，是儒家教育的基本典籍。

四书是《论语》、《孟子》、《大学》（出自《礼记》，据说由曾参整理成文，程颢、程颐把它当作孔门的入门读物）、《中庸》（出自《礼记》，据传是孔子曾孙子思所作，被认为是孔门心法）。朱熹最早把这四本书编在一起，从此成为儒家的基本教材，尤其是《大学》，更是如何成为圣人的教科书。

《大学》一开篇就说："大学之道，在明明德，在亲民，在止于至善。"成为儒者一生所要成就的基本目标，被称为三个纲领，大意是，成为一个圣人的根本方法，或者说，人生的大道，就是要弘扬内心光明的德性；在亲民，朱熹解释为"在新民"，让人民不断自我革新，而王阳明认为应该解释为"在亲民"，按王阳明的意思，人生的大道，就是要与民众仁爱无间；就是要达到最高的善，最完美的境界。

在接下来的论述中，又陆续提出了"八条目"：格物、致知、诚意、正心、修身、齐家、治国、平天下。三个纲领，加上八个条目，强调的是修己，是自我修养，自我修养完善之后，才能治人，所以，修己的目的是治国平天下。儒家通过这三个纲领、八个条目，把个人的自我道德完善和治国平天下结合在了一起，把个人、家庭、国家统一为一体。

所以，就像我们刚才说的，王阳明的立志成圣，只不过是回到了儒家的初心。王阳明讲的立志，并不是我们一般人讲的人生理想，更不是具体的做什么职业的理想。立志，并不是确定这一辈子要做什么职业，要赚多少钱，或者要读什么大学。王阳明讲的立志，不是这个意思，而是"种子"的意思。在王阳明看来，在我们决定要做什么职业之前，在决定要赚多少钱之前，在决定要读什么大学之前，首先要立志，就是确定我应该成为一个什么样的人，我为什么而活着，我最终安身立命的地方在哪里，我的信念是什么，我的价值观是什么。不是"我想要成为什么样的人"而是"我应该成为什么样的人"。首先要明白"我应该成为什么样的人"然后才能清楚"我想要成为什么样的人"。

立志，也可以说是种子法则的第一个要点。王阳明反复强调立志的重要性。在《示弟立志说》里，开篇即说："夫学，莫先于立志。志之不立，犹不种其根而徒事培壅灌溉，劳苦无成矣。"大意是学习做人，必先立志，若不立志，就像没有种种子，而徒做表面的培植灌溉，那么再辛苦也不会有任何收成。种子法则的第一个要点是立志。寻找自己的种子，一定是从立志开始的。

03　为什么要立下成圣的志向？

儒家的四书五经，有一套教育体系，这一套体系到了朱熹那里，聚焦在"格物致知"，认为通过格物致知，就可以"去私欲，存天理"，达到至善的境界。朱熹认为："格，至也。物，犹事也。穷至事物之理，欲其极处无不到也。""所谓致知在格物者，言欲致吾之知，在即物而穷其理也。盖人心之灵，莫不有知，而天下之物，莫不有理。惟于理有未穷，故其知有不尽也。是以《大学》始教，必使学者即凡天下之物，莫不因其已知之理而益穷之，以求至乎其极。至于用力之久，而一旦豁然贯通焉，则众物之表里精粗无不到，而吾心之全体大用无不明矣。此谓物格，此谓知之至也。"

在朱熹看来，格物是第一步，透过观察、探究、穷尽事物的规律、奥秘、道理，从而进入第二步，致知，获得认知、智慧、知识等。朱熹的解释强调了训练的重要性，以及训练次第的重要性。但朱熹的朋友陆九渊不太赞同朱熹的说法，觉得朱熹的问题在于企图从外在的事物上去求得"理"，这是不可能的，在他看来，格物致知，应该从心这个源头上着手，心即宇宙，心就是理，应该从心这个源头上去求得理，才是正道。

朱熹的学说得到官方的认可，尤其成为科举考试的规则，所以，到南宋，朱熹的理学，已经是社会非常主流的东西，几乎所有人把它看作是理所当然的。王阳明开始的时候，也信奉朱熹的方法，但在一次"格物"的实践后，他对于这种从事物上去探究寻求"道"的方法产生了怀疑。那次实践是他和一个朋友一起进行的，对象是竹子，朋友对着竹子格了三天就挺不住了，产生幻觉，极度疲乏，王阳明坚持了七天，也同样产生了幻觉和疲乏。从此，他摆脱了朱熹的影响，去开创了自己的一套心学。

虽然和朱熹的方法不一样，但王阳明和朱熹的基点是一样的，一个人活在世上，首先应该是立志：立志成圣。只要立志成圣，就是抓住了核心，抓住了人生中最大的东西。那么，如何立志呢？陆澄请教立志的方法，王阳明回答："只要念念不忘存养天理，就是立志了。假如能够时刻不忘存养天理，那么，时间长了，心里自然会凝聚天理，就像道家所说的'结圣胎'。这个天理的念头经常存有，就能慢慢达到孟子讲的美、大、圣、神的境界，不过是从这一个念头存养、扩充开去。"

王阳明讲的天理，既然是天理，就不是人世间的，而是上天的。什么是天理？很复杂。但朱熹有一个解释很简单，却很有启发性。夫妻是天理，三妻四妾是人欲；饮食是天理，美食是人欲。我们一般是跟着人欲在走。所以，要存天理，灭人欲。所以，王阳明说，只要念念不忘存养天理，就是立志了。也就是说，所谓立志，应该有一个高于世俗的人生目标。

王阳明那个时代的读书人，读书就是为了做官。而王阳明却跳了出来，读书是为了成为圣人，做官也是为了成为圣人。读书、做官这些在平常人看来很重要的事，一下子变成了手段，不是目的。一下子在格局上超越了一般人。

世俗的目标带来的是成败的较量、痛苦和快乐的交替，人生因而成了一场竞赛，而高于世俗的目标带来的是成长的经验，人生因而是一场修行和体验。比如，你把当官作为一个目标，那么，你就会和很多人去竞争一个职位，获得了就是成功，得不到就是失败，成功了就快乐，得不到就痛苦。但假如你把成为圣贤作为目标，那么，你是在和自己竞争，每一步都是在成长，每一步都是体验成长过程里的经历。

高于世俗的人生目标，是如何做人的目标，因而不同于一般做事情的目标。你要完成一百万的销售额，这是一个做事情的目标，而王阳明的成圣，是如何做人的目标，给予他们的人生强烈的目的性和意义。如果你的人生目标就是要做一个利他的人，那么，完成一百万的销售额就不是一件销售的事情了，而是一个利他的手段，你要考虑的东西就变成你在销售方面能够帮助别人什么，销售获得的利润如何合理使用才能有利于别人。如此一来，你一下子就跳出了销售这个狭隘的圈子，到了做人的大格局里。

做到这一点，会有两个益处显而易见：第一，你不会陷入完成销售指标的焦虑之中；第二，你的竞争对手会消失不见，因为别人和你不在同一个格局里。

04　人人心中都有一个圣人

在王阳明看来，人人都应该成为圣人，因为人人心中有一个圣人。在虔州的时候，九川和于中、谦之一起陪着王阳明。王阳明说："各人的胸中都有一个圣人，只因自己信心不足，自己把圣人给埋没了。"先生接着对于中说："你胸中原本有圣人。"于中连忙站起来说，"不敢当，不敢当。"王阳明说："这是你自己所有的，为什么要推辞呢？"于中还是说："不敢当，实在不敢当。"王阳明说："每个人都有，更何况你呢？你为什么要谦让呢？这是谦让不得的。"

只因自己信心不足，就把圣人给埋没了。这句话意味深长，值得我们经常用来提醒自己。但我们对于这句话往往不太理解，甚至有抵触。原因是我们被"圣人"这个词迷惑，我年轻的时候，对于王阳明的书，包括一些儒家的经典，不感兴趣，总觉得做圣人，太道德说教了，现在经历的事情多了，再读孔子、王阳明，才觉得他们的思想有非常闪光而实在的一面；也明白到王阳明讲的圣人，并不是一般我们理解的道德楷模，而是一种符合天理的人格境界。是天理，只要是人都会具有的那种天理。也叫良知。透过知行合一的功夫，唤醒良知，我们就会成为圣人。更准确地说，就会达到一种人格境界。

关于"良知"，王阳明有过很多界定：

"良知只有一个。就它的妙用而言可以称之为神，就它的流行而言可以称之为气，就它的凝聚而言可以称之为精。怎么从形象、方位、场所上求得良知呢？真阴之精，就是真阳之气的母体。真阳之气，就是真阴之精的父体。阴生于阳，阳生于阴，阴阳不可分割为二。如果理解了我的良知学说，那么，凡是类似的问题，都可以不言自明。否则，如同你来信所述的三关、七返、九还之类，还会有无穷无尽的可疑处。"

"能够让人'戒慎恐惧'（警惕谨慎有所敬畏）的，就是良知。"

"良知就是道。良知就在人的心中，不管是圣贤，还是平常人，都是如此。如果没有物欲牵累蒙蔽，只是倚靠良知去发挥作用，那么，时时处处都是道。然而，平常人大多被物欲牵累蒙蔽，不能遵从良知。像上面说到的几位人物，天生资质清明，自然很少有物欲的牵累蒙蔽，那么，他们的良知产生作用的地方自然会多一些，自然离圣道就近。所谓的学，就是学习遵从良知。所谓知道学，只是明白应该专心学习遵循良知。上面说的那些人，虽然不知道专门在良知上下功夫，有的兴趣广泛，受到外物的影响和迷惑，有时会偏离圣道，有时会符合圣道，没有达到纯正的境界。如果他们能够明白了这一点，那么，也就是圣人了。后世儒生认为上面说到的那些人，都是凭天生的资质建功立业，未免是不知其然，更不知其所以然。这样说后世儒生，并不为过。"

良知很像我们内心本来就有的品质和能量。这个概念是孟子创造的，孟子说过这样一段话："人之所不学而能者，其良能也；所不虑而知者，其良知也。孩提之童无不知爱其亲者，及其长也，无不知敬其兄也。亲亲，仁也；敬长，义也。无他，达之天下也。"

大意是，不用学习就会的，是人与生俱来的良能；不用思考求索，就明白的，是与生俱来的良知；小孩子不需要学习就知道爱他的父母，长大之后，不需要学习就会敬重他的兄长；爱父母是仁，敬兄长是义。一点都不深奥，也不复杂，只要是人，天生就晓得仁义。

孟子用良知良能，推论出人人心中都是尧舜，人人都可以做尧舜。我们所需要的一切知识、能力，其实在我们心中都已经具备，只是我们自己遗忘了。孟子有过一个牛山的比喻。说是牛山上开始的时候，到处是茂密的树林，清澈的溪流。但附近人不断去山上砍柴。渐渐牛山的树越来越少。几乎成为一座荒山。但只要下雨，那些残留的嫩芽，又会慢慢长出草木，恢复从前的生机勃勃。但看到荒山的人，以为这座山本来就是这样的。其实，山的本来样子是生机勃勃。人的心，也是如此。天性的良善、仁义，不过被砍伐掉了。但是，那颗嫩芽、种子，一直还在。

孟子的说法，其实和人类轴心时代的大多数思想接近。佛陀认为人人心中都有佛性,只是迷失了。苏格拉底认为我们的知识都在我们的记忆里,我们只要回忆起来就可以了。一切都已经在那里。我们只需要回归,只需要去发现。这是轴心时代的思想遗产留给我们的一个重大命题。

05 如果生命是一棵树，你的种子在哪里呢？

有一个学生问王阳明："曾参的'吾日三省吾身'的功夫虽然真切，大概还不理解'一以贯之'的功夫。"王阳明回答："孔子看到曾子没有掌握用功的根本，才告诉他一以贯之的道理。学习的人如果真能在忠、恕上下功夫，难道不就是做到一贯了吗？'一'如同树的根，'贯'如同树的枝叶。没有种根，哪有枝叶？本体和作用出自同一个源头，本体还没有确立，作用从哪里来呢？"

关于忠恕的做人原则，来源于《论语》。《论语》里有一段，讲孔子有一次问子贡："子贡啊，你以为我是因为博学而成了有见识的人吗？"子贡就说："是啊，就因为您博学，才成了有见识的人。难道不是这样吗？"孔子说："不是的，我是因为坚持一个东西贯彻始终，所以，才变得有见识。"那么，这个贯彻始终的东西是什么呢？好像子贡听完孔子的话，就明白了，所以孔子就没有接着说这个东西是什么。留下了一个谜。总之，做人，做一个有见识的人，靠学习是不够的，更需要一个一以贯之的东西。这个东西是什么呢？孔子没有说。

但在《论语》的另一段文字里，曾参把这个谜底揭示了出来：

孔子说："曾参啊，我是有一个贯穿始终的道的。"

曾参说："是的。"

孔子出去后，其他孔门弟子问曾参："老师说的是什么意思啊？"

曾参说："老师的道，就是忠恕而已。"

事实上，孔子自己并没有说一以贯之的东西是什么。是曾参自己的解释，但千百年来，中国人接受了曾参的解释，王阳明也认同这种说法，认为忠恕之道，就是最基本的做人原则，必须贯彻始终。"忠"是"己欲立而立人，己欲达而达人"，我想要达到的，我想要建立的，那就要帮助别人也能达到，帮助别人也能建立。"恕"是"己所不欲，勿施于人"。就是我不想的，也不能够把它施加给别人。

关于忠恕之道，《大学》里有一段话能够帮助我们更好地理解。《大学》上说："所恶于上，毋以使下；所恶于下，毋以事上；所恶于前，毋以先后；所恶于后，毋以从前；所恶于右，毋以交于左；所恶于左，毋以交于右。"大概的意思是，你厌恶自己的上级，因为他很傲慢，不尊重你，那么，你就更应该警惕自己，不能以这样的态度来对待你的下属，要尊重你的下属。你的下属偷懒磨洋工，你不喜欢，那么，你就不能这样对待你自己的上级。

你对于前面的人的办事方法不满意，比如，和你对接什么工作的时候，留下不少首尾，那么，你对于后面的人，就不能这样留下首尾。你不希望后面的人怎么对你，你就不要这样对待你前面的人。比如说，有的领导一退休，很多人就忘恩负义，再也不去看他了，见面连个招呼也不打了。如果你不希望你的下属是以这样的态度来对待你的，那你对待你以前退休的领导，那些长辈，就应该恭敬。这些就是日常生活里的忠恕之道。

王阳明对学生讲要在"忠恕"上下功夫，就是一以贯之了。如果确定了"我应该成为一个忠恕的人"，那么，就是找到了一颗种子，一个源头，可以贯穿在我们所有的事情里。你做任何事情，都在行忠恕之道，都在做同一件事情。按照王阳明的思路，应该先确定了"我应该成为一个实行忠恕之道的人"这样的志向，才去考虑选择什么样的职业、赚多少钱之类现实的问题。

这样，一切问题都会变得容易。因为你在行忠恕之道的过程里，会产生一种吸引力，这种吸引力能够吸收正向的能量，推动你做各种事情。

一旦确定了"我应该成为什么样的人"这样的志向，就像找到了生命的种子。一旦有了这一颗种子，就接通了生命和宇宙的本原，做什么事，都在做同一件事，做任何事，都会为你带来源源不断的能量。这才是王阳明所讲的立志的意思。立志就是为自己的生命找到一颗种子。这颗种子，在王阳明心学里，开始的时候叫"天理"，后来叫"良知"。王阳明认为，良知就是种子，就是我们生命的能量源。任何时候，我们只要回到了良知，透过知行合一，种子就会落地、发芽、开花、结果。

做事的背后是做人。做人的背后是天道。天道，通俗的说法是自然法则，是宇宙能量。

立志，就是把人和天道链接了起来。所以，应该经常想一想，如果生命是一棵树，你的种子在哪里呢？

06　我想要承担什么样的社会角色？

立了志，找到了自己的种子，现实世界里的烦恼就会因此而消失了吗？显然不是的，烦恼还是会找上门，用很现实的问题来考验志向。所以，如何保持志向，又能解决现实问题，是每个立志的人必须解决的难题。而要解决这个难题，最关键的是你要确立你自己在这个社会现实里的角色，这个角色可以让你在理想和现实之间做到最大的平衡。

王阳明如何解决这个问题的？我们在分析他的解决方法之前，先从两个维度看看他那个时代的人如何处理这个问题。第一个维度是纵向的，第二个维度是横向的。纵向的，我们看看王阳明的祖辈们如何在社会中自我定位。横向的，我们看看和王阳明几乎生活在同一个时期，而且生活中有所交集的唐伯虎和文徵明是如何自我定位的。

先看王阳明的祖辈。王阳明认为自己的家族是王羲之家族的后裔。王羲之的曾祖父是王览。王家从汉朝到西晋,都是名门世家。家族起源于太原,后来迁到了山东临沂一带。东晋时候王羲之一家从北方迁徙到浙江绍兴一带,成为江南的世家。元末明初的王纲,是王阳明的直系祖先,他遵奉儒家思想,但过的是一种隐居的生活。元代末年,在山里躲避战乱的他,遇到高人,学会了一些道术,引起明朝开国元勋刘伯温的注意。明朝立国后,他被推荐为兵部郎中,曾到广东潮州平定民乱。民乱虽然平定了,但回途经过广东增城的时候,王纲却被海盗杀害了。和他同行的儿子王彦达侥幸逃生,把他的尸体带回老家。王彦达从此不再做官,安心种田。王彦达去世前嘱咐儿子王与准,不要进入仕途,老老实实在绍兴读书种田就好。王与准精通《易》学,在当地很有名,官府要他去做官,他死活不愿意,跑到山里躲了一年。但明朝初年,知识分子不愿意当官,在皇帝朱元璋看来,是你瞧不上我,会被问罪。当地官府的人出于好心,建议王与准让儿子代替他为官。于是他的儿子王杰补为邑庠弟子员。邑庠就是学校的意思。弟子员,相当于一种考试的资格。但后来王杰两次都把考试的名额让给了其他人。王杰留给儿子王伦的遗产,只有几箱书。王伦喜欢竹子,号竹轩。当时的人把他看作陶渊明式的人物。王伦就是王阳明的祖父,对于童年时代的王阳明来说,祖父的影响很深。

王阳明的家族在明初,一直到他的祖父,过的都是隐居的生活,没有一个当官的。到了王阳明的父亲王华,才开始改变了家族的风气，一下子成了读书做官的典范。王华是一个典型的好学生，一直好好学习，坚韧不拔地考试，考了很多次，落榜，接着再考，最终在明宪宗成化十六年（1480），考了乡试第二名。第二年参加会试，考中了状元，去京城当了翰林院编修，后来还当了南京的吏部尚书。

隐和仕，就是隐居和当官，一直是传统中国知识分子两种最基本的生活方式。按照儒家的说法，隐居是独善其身，当官是兼济天下。如果运气不好，没有机会，或者，天下无道，皇帝是一个昏君，那么，不如隐居，种田读书，虽然贫困，但是保持自己的气节和自由。如果运气好，或者皇帝有所作为，是一个明君，那么，应该出来做官，帮助皇帝治理天下。王阳明的祖父和父亲，可以说是这两种生活方式的典型代表。王阳明的祖父王伦过的是一种隐的生活，而父亲王华过的是仕的生活。

我们再看唐伯虎和文徵明，这两个人，尤其是唐伯虎，在一般老百姓当中，名气可能比王阳明还大。弘治十二年（1499）的科考中，王阳明被定为二甲进士第二名，开始了他的为官生涯。唐伯虎也参加了这次考试，却因为卷入舞弊案，不仅没有录用，还被剥夺了以后参加考试的权利。和唐伯虎同一年出生，少年时代就相识的文徵明同样没有考上。唐伯虎这个人是少年天才，十五岁就以第一名考上苏州府学。二十八岁那一年参加乡试，获得应天府第一名。所以，1499年的会考，大家都认为唐伯虎一定会被录取，不料他因为舞弊案而失去了一生的机会。文徵明正好和唐伯虎相反，小时候很笨，到九岁还说不清楚话。考试考了九次都考不上，到五十多岁时，才因为父亲朋友的推荐，到京城做了一个文官，但马上觉得做官不适合自己的性格，便找理由辞职回家了，靠卖画、卖书法为生，过得逍遥自在。唐伯虎被贬黜之后，也是靠卖画卖文维持生计，但总觉得心有不甘，郁郁不得志，五十多岁就去世了。

唐伯虎和文徵明的经历表明，在明代，除了王阳明祖父和父亲要么隐要么仕的生活方式，还可以卖画卖文为生，很像今天的自由职业。也就是说，对于当时的王阳明来说，有几种选择，一是像祖父那样，依靠一点田产，在乡间过读书耕种的生活；二是像父亲那样，循规蹈矩，做一个很正统的士大夫；三是可以像唐伯虎或文徵明那样，做一个自由文人，卖文为生。明代苏州、杭州一带的商业相对发达，文学艺术作品也进入了商品市场，那里的文人被动或主动地选择了卖文为生。王阳明在绍兴乡间，大约还没有体会到这种商业化的变化，所以，他的选择其实是在他祖父和父亲之间。

十一岁的王阳明质疑父亲的科举之路，认为只有做圣贤才是一个读书人真正的目标。但随着年龄的增长，科举考试与成圣之间的矛盾，仍然困扰着他。宋代到明代，知识分子在要不要参加科举考试上，一直有分歧。宋代程颢遇到周敦颐之后，觉得圣人之学，才是人生应该真正追求的东西，就放弃了科举考试，一心做学问，探寻人生的真谛。

王阳明最初对科举不以为意，但后来慢慢认识到，圣人之学和科举考试以及科举之后的做官并不矛盾。关键在于，必须带着圣人之学去考试，去做官，而不是为了做官去考试，为了功利去做官。因为把科举考试看作是圣人之学的一个手段，所以，王阳明对于考试的心态就很放松，他两次考试都没有考中，尤其第二次落第的时候，按常理应该打击很大，但王阳明安慰其他落第的考生："世以不得第为耻，吾以不得第动心为耻。"

王阳明在《传习录》以及其他文章、书信中，多次谈及圣人之学和科举之间的关系，他总的看法是，举业和圣人之学并不矛盾，重要的是你有没有圣贤之志。如果你有圣贤之志，那么，无论做什么，都是在磨炼自己成为圣贤。不论顺境逆境，都是在磨炼自己的志向和德行。同时，王阳明也认识到，在当时那样一个社会，如果不参加科举，就很难实现自己的政治理想，就很难改变这个社会，所以，不去通过科举求得官职，就像没有尽最大的努力，却抱怨天命一样。

在工部时，一个同事要去广西做地方官，王阳明写了一篇《送黄敬夫先生佥宪广西序》，谈了自己对于做官的看法。在王阳明看来，从前做官的人，是为了实现理想，为了践行天道，而现在做官的人，是为了谋取自己的私利。为了实现理想，为了践行天道而做官，遇到再大的艰难险阻也不能动摇其心……为了谋取自己的私利而做官，遇到安稳就会得过且过，遇到利益就会去追逐，遇到艰难就会产生恐惧。所以，当黄敬夫要到偏远的广西去做官时，王阳明希望他能像从前做官的人那样，仁民爱物，心怀天下。到时候，广西的人民自然也会将他视作父兄、亲戚那样爱戴、眷恋，他也就没有什么好害怕的了。

十六岁那一年王阳明决定参加科考,但在科考的过程里,他有意无意地想要表明,他自己参加科考和他父亲并不一样。同时,他在理想和现实之间渐渐找到了平衡,明白了自己要担当的角色是什么。

07　哪一个是真正的我？

王阳明十二岁就确立了成为圣人的志向。但确立这个志向之后，并不是就什么都解决了，而是经历了一个很长的摸索、探寻的过程，这个过程不乏焦虑和痛苦。王阳明年轻时代的这个特点，和他的父亲形成鲜明对比。他的父亲王华，是一个自我定位特别稳定的人。王华小时候是一个乖孩子，比如，有一次应该是春天的什么节日吧，小朋友们都在外面玩耍，王华的母亲也让他出去玩，但王华说："观春不如观书。"他考试并不顺利，但很坚持，一直到考上为止，看书也只看儒家的书，认为其他的都是旁门左道，非常讲究礼仪。总的来说，他是一个按照主流社会价值观塑造出来的很正统的人。用弗洛伊德心理学中"超我、自我、本我"三个概念去分析，王华的自我很好地协调了本我和超我，建立了一个稳定的自我。

但王阳明表现出了完全不同的情况。王阳明一直到五六岁才会说话，一开口说话就表现出天才儿童的特点。然后，在整个少年时代和青年时代，他的兴趣非常广泛，充满好奇心。用钱穆先生的话描述："原来王学的萌芽，他所倡良知学说的根柢，是有生命的，有活力的，是那样地执着，那样地跳脱，从多方面的兴趣，很复杂的经验中流变而来的……他既沉溺，又洒脱。他所认识的'良知'，决不是一件现成的东西，也不是平易简单的把戏，更不是空疏无着落的一句话。要研究王学的人，不要忘了他成学前的那一番经历。"（见钱穆著《阳明学述要》）

十二岁的王阳明，向父亲以及老师宣称自己读书不是为了做官，而是为了做圣贤，可以理解为一种自觉意识，希望找到另外的道路，实践一种和父亲不一样的人生。但是，这个和父亲不一样的人生，需要一个什么样的自我呢？什么才是真正的我呢？这个问题一直困扰着少年时代和青年时代的王阳明。

他八岁的时候，就开始对佛教发生浓厚的兴趣，他自己说对于佛教的兴趣延续了三十多年。十几岁跟着父亲去北京，翰林院位于长安街，他们住的地方也在长安街。那是北京的繁华街区，三教九流，混居在一起，佛教的寺庙，和道教的道观，并列在一起，少年时代的王阳明常常进出这些场所。在京城的时候，他还对军事发生了兴趣，曾梦见自己成了一个将军，一路征战，到了广西的马伏波庙。马伏波，就是东汉时候的著名将领马援，他成了少年时代王阳明的偶像。那一年秋天，他学习马援曾经到关外去考察边防的情况，一个人走出居庸关，寻访少数民族的居住地，以及关外的地理形势,一个多月后回到北京。那时候正好广西的瑶民发生骚乱,北方也不安定,少年王阳明上书朝廷,提出如何解决边境问题,被他父亲训斥为太狂妄。

在第二次会考落第后,他从京城回余姚,途经济宁的时候,他游览了太白楼,写了一篇《太白楼赋》,对狂放不羁的李白表示了仰慕。在经过南京时,还去拜访了朝天宫的道士尹真人,学习真空练形法。回到余姚后,住进了阳明山洞,既像一个归隐山林间的闲云野鹤,又像是一个遗世独立的修道者。

格竹子这一件事,在王阳明成长过程中确实具有转折点的意义,一方面,引起他对朱熹理学的怀疑,另一方面,引起他对于自己能否成为圣贤的怀疑。而他对于自己能否成为圣贤的怀疑,源于他发现"格竹"并不能让他实现成为圣贤。这里面的逻辑是,立志成为圣贤,并非口号,最后一定落实为具体的形态;具体的形态,其实就是一个能够完成这个志向的自我。这个自我,必须找到自己合适的社会角色,同时也要身体和心灵合一。而格竹的失败,引发的是王阳明对于身体和心灵不能合一的焦虑,对于外物和内心不能合一的焦虑。所以,根本上,格竹的失败,并没有让他放弃成圣的志向,而是迂回前行,科考、文学、佛道,成为他年轻时代反复的尝试,根本上还是想找到成圣的方法,或者说,想建立一个成为圣贤的真正的自我。

决定科考之后不久,王阳明遇到理学大师娄谅,又再度生发成为圣人的决心。十七岁那年王阳明去江西成亲,迎娶诸养和的女儿,回余姚途中,经过上饶,听说理学大师娄谅在此地,就去拜谒，向他请教如何才能成为圣人。娄谅告诉王阳明："圣人必可学而至。"据史料记载，王阳明从江西回到绍兴，整个人的性格、生活习惯都有所改变，之前他有点不拘小节、爱开玩笑，甚至还有点放浪不羁，但自从相信了"圣人必可学而至"，就变得端庄、严肃，生活也有规律了。他自己解释说："吾昔放逸，今知过矣。"从前放逸，现在知道错了。

在考中进士之前，王阳明的兴趣广泛，其实反映了自我认知的曲折。什么是自我？一般由身和心构成。少年时代的王阳明，显示了从身心两方面构建自我认同的努力。道家、军事等，是身体层面的；佛家、理学，是心灵层面的。但哪一个才是真正的我？是一本正经的儒者？还是潇洒脱俗的隐者？还是驰骋疆场的战士？还是修得不坏之身的真人？这些自我形象，在少年时代和青年时代的王阳明身上，一直在相互激荡。某种意义上，真正的自我，是由我们自己创造出来的。对于王阳明来说，当确立了成圣的种子之后，他花了很长时间把这颗种子转化成真正的自我。

08　我想要成为什么样的人？

王阳明早期一直困惑于哪一个是真正的我？概括起来，是两个自我，一个儒家的我，一个佛道混合的我。儒家的我要融入社会，担当社会的责任。而佛家、道家的我，想要逃避世间的烦恼，躲到大自然或自我修行中。一个是积极入世的我，一个是消极遁世的我，一直在纠缠。儒家的我，渐渐地成为主流，但王阳明那个儒家的我，和他父亲那个儒家的我不太一样，和朱熹的那个儒家的我，也不完全一样。所以，王阳明立志成为圣贤后，花了很长的时间在创造一个新的自我。

我在这个社会中的角色是什么？哪一个是真正的我？我到底想成为一个什么样的人？这样一些问题，即使在弘治十二年（1499）第三次会试中了进士之后，还在困扰着王阳明。像他父亲，做官之后，就服从了那个社会角色的我，那个时代很正统的儒家角色，没有什么纠结。但王阳明在最初几年的为官生涯之中，常常产生拂袖而去、归隐山林的念头。

王阳明的第一份官职是工部观政员，就是在工部做实习生。他的第一份活是去做一个项目的监工。什么项目呢？建造威宁伯王越的坟墓。王越是明朝一位名将，在守卫边关上有卓越的贡献，被朝廷封为威宁伯。王越在兵法上有实践，也有理论。王阳明借助这个机会，演练了一遍兵法。他用兵法上的"什伍之法"来管理施工的民工，五人一组，十人一队，很快就完成了项目。王越的坟墓建造在大伾山，那里有一个石佛龙洞。王阳明写了一篇《大伾山赋》，里面抒发的是庄子"齐万物，等生死"的思想，最后那位歌者的形象，是一个隐者的形象。但同时，他又为人写了一篇墓碑，赞扬了济世行道的人格，又是儒家的思想。在第一份官职上，王阳明表现出来的自我形象，一方面是阳明山人，一方面是勇于有为的君子。

王阳明的第二份官职是刑部云南清吏司主事，就是主管云南的司法事务，但办公地点其实在京城。这是弘治十三年（1500）。在这份工作上，他发现了监狱系统的腐败，尽自己所能，平反了一些冤假错案。心力交瘁。弘治十五年（1502），王阳明在淮北忙完公事后，顺道去了茅山游玩，然后，又去了九华山，去拜访一位隐居的高人"蔡蓬头"，询问如何学习做神仙。蔡蓬头回答："尚未，尚未。"王阳明再问的时候，蔡蓬头就说了这么一番话："我看你一团官相，做什么神仙呢？"作为刑部的官员，王阳明在办案之余，想的是如何学习做神仙。倒是那位道士，觉得王阳明更适合做官。

这次九华山之旅，王阳明写了一篇《九华山赋》，里面采用了大量佛教和道教的故事，把佛和道混合在一起，构成了一个令人神往的仙境。另一方面，他又关注天下的黎民百姓，歌颂了屈原的上下求索。在从九华山回北京的途中，他还去游览了茅山。后来还在《寿汤云谷序》一文中谈到这次茅山之旅："弘治壬戌（1502）春，某西寻句曲与丹阳，汤云谷偕。当是时，云谷方为行人，留意神仙之学，为予谈呼吸屈伸之术，凝神化气之道，盖无所不至。及与之登三茅之巅，下探叶阳，休玉宸，感陶隐君之遗迹，慨叹秽浊，飘然有脱屣人间之志。"

弘治十六年（1503），王阳明回到北京后，积劳成疾，得了肺病。他向朝廷请了病假，先是回到老家绍兴，在阳明洞养生修炼。后来又到杭州西湖的寺庙里习禅静修。隐居在阳明洞天，当时他写过这样两首诗："人间酷暑避不得，清风都在深山中。池边一坐即三日，忽见岩头碧树红。""两到浮峰兴转剧，醉眠三日不知还。眼前风景色色异，惟有人声似世间。"完全是道家的飘逸风格。在杭州期间，他写过这样一首诗："青山晴合小茆檐，明月秋窥细升帘。折得荷花红欲语，净香深处读华严。"

但在绍兴、杭州养病期间，王阳明仍然关心政治。当时浙江发生一件大案，很多官员被牵连，包括浙江按察佥事陈辅也被免职，但王阳明认为他是无辜受到牵累，所以，在写文章的时候，称赞陈辅。说明他人在江湖，心其实多少还在朝廷。

更值得注意的是，在绍兴、杭州养病期间，王阳明明显地想要糅合儒家、道家、佛家三者，想为它们找到一个共同的源头。有记载说，他在杭州游玩，见到一个和尚，已经闭关三年了，几乎不曾开口说话，王阳明走到和尚身边，大喝一声："这和尚终日口巴巴说什么？终日眼睁睁看什么？"这句话其实颇有禅的机锋，可惜这个和尚，只会打坐，并没有真正地觉悟，被王阳明一喝，居然说起话来。王阳明又问："你有家吗？"和尚回答："家里还有老母。"王阳明问："想不想念你母亲？"和尚老实回答："想念。"王阳明就说："此念，不能不起，若果可断，寂灭种性矣（种性，佛教里的意思是成佛的种子，有时也指成佛的资质），吾儒与二氏毫厘之差，止在此。"

这个故事常常被用来说明王阳明开始质疑佛教，但事实上，这个故事本身就说明王阳明对于禅宗领悟得很深。他在杭州期间不仅不否定佛教，反而在研读佛经，想要掌握佛法的根本。他对于佛法有新的理解，认为佛性并不否认我们人性中的那一点亲情。佛性正是从这一点亲情中升华而来。他是在试图打通儒家和佛家之间的鸿沟。如果我们读过《坛经》，应该还记得有一个细节，惠能听到《金刚经》决定去黄梅出家的时候，他还有一个老母亲。所以，为了解决这个难题，有一个版本加了细节，说是客人给了他一笔钱，安顿好老母，才去了黄梅。王阳明和杭州那个和尚的对话，和《坛经》里六祖辞别母亲的场面，可以相互印证儒家和佛家之间微妙的矛盾，以及共通的源流。

09　在做官、讲学中做人，在做人中成圣

　　弘治十七年（1504）是一个转折。这一年，养病后回到北京的王阳明，获得一个差事，主考山东乡试。在《山东乡试程文》中，王阳明第一次提出了"心学"这个概念，意思和后来他提倡的心学不太一样，只是指帝王的养心制心。但到了山东以后，王阳明的思想发生了微妙而深刻的变化。山东是孔子的故乡，是儒家文化的原乡，泰山是中华文化的一个象征。王阳明登上了泰山，写了五首诗歌《登泰山五首》，把泰山放在中华历史的大背景里，对于儒释道三种思想源流进行了思考，最后定格于孔子的形象。几天后，又写了一篇《泰山高》，礼赞了孔子，把孔子比喻为高不可及的泰山。

　　从九华山、茅山到泰山，王阳明完成了一次心路历程：从佛、道、儒家三者混合到定位于儒家的转化。登泰山，不只是一次游览,更是一次心灵的洗礼,自此,孔子的形象,成为王阳明自我认同的一个标杆。从山东回到北京,他的同事李梦阳,也是一个很有名的文学家,在弘治十八年(1505)的二月写了一篇奏章,要求弹劾一个腐败官员。李梦阳在这篇奏章里,批评了当时的皇帝明孝宗迷恋佛教和道教。王阳明表示了赞同,而在不久前,也就是弘治十七年(1504)的八月,王阳明在一篇文稿里,还提倡儒佛道合一,不主张把佛老看作异端。而赞同李梦阳的奏章,却已经把儒家看作是正统,而佛老是异端。这是一个很大的转变。经过兜兜转转,经过反复的摸索,王阳明最后把儒家看作是自己的归宿,他在佛、道所吸取的养分,也都用来浇灌他的儒家的自我形象。这个形象,既不同于他父亲,也不同于朱熹。

1505年还发生了两件重大的事情,标志着王阳明人格的种子彻底形成,或者说,他找到了他的人设。第一件是和湛若水一起提倡圣学。湛若水,号甘泉,所以也叫湛甘泉,广东增城人。他的老师是陈白沙。陈白沙是一个了不起的思想家,真名叫陈献章,出生于宣德三年(1428),去世于弘治十三年(1500)。他是广东新会人,但十岁就迁居江门的白沙村,所以后人尊称他"白沙先生"。

他创立了"江门学派"和"白沙学说"。在明朝万历年间,第一次让"地处江湖之远"的广东儒学得到了举国前所未有的尊崇。中国儒学,在宋元时代理学兴盛,代表人物是朱熹;明代是心学兴盛,代表人物是陈白沙和王阳明。陈白沙去世的时候,王阳明二十多岁。

"他有一个弟子,湛若水,号甘泉,亦是广东人,与他齐名。

当时称陈湛之学，或称湛王之学。甘泉做的官很大（礼部尚书），去的地方亦很多，所到之处，就修白沙书院，陈学的光大，算是靠他。甘泉比（王）阳明稍长，甘泉三十余岁，阳明二十余岁，同在北京做小京官，一块研究学问。阳明很受甘泉的影响，亦可以说很受白沙的影响。"（见梁启超著《儒家哲学》）

在静中养出端倪。这是陈白沙倡导的方法，强调自得之学，一个人要立诚、立志向，要在宇宙之中张扬个体的价值。"天地我立，万化我出，而宇宙在我矣。"又强调自然为宗："道本自然，人不可以智力与，才欲自然，便不自然。"

陈白沙一生中很长一段时间在家乡的春台设馆讲学，弟子遍天下，是一个优秀的教育家。他的教学方法可以归纳为：

1. 先静坐，后读书
2. 多自学，少灌输
3. 勤思考，取精义
4. 重疑问，求真知
5. 诗引教，哲入诗

王阳明和湛若水一起倡导圣学，可以说是王阳明开启了自己的心学之旅，意义重大。

1505年另外一件事是，王阳明在京城开始接受学生，也就是带徒弟，像孔子那样做老师，关于如何做人的老师。这两件事，意味着王阳明走出了青春时期的迷茫和探索，把关于做圣贤的种子，真正落实到了自己的生活中，从此，他的自我形象从未改变过。从此以后，王阳明一生，都在践行知行合一，培植"良知"这颗种子，而在世间的社会角色，一直是尽责的官员和不懈的教师，做官和讲学，是他"成圣"的直接途径。一直到去世，都没有改变：在做官、讲学中做人，在做人中成圣。

10　如何度过人生中的危机？

正德元年（1506），王阳明三十五岁，却发生了一件大事。在讲这件大事之前，我们先回顾一下明朝的历史，可以帮助理解发生在王阳明身上的事情。1368年，朱元璋推翻了元朝，建立了明朝，但是在政治制度上并没有回到元朝之前的宋朝，而是延续了元朝的风格。有些学者说，明朝延续了元朝的"野"。这个野，有点野蛮的意思。朱元璋在位的时候，有三点对于后来影响深远。第一，废除了丞相制度，皇帝直接领导各个部门。第二，把他二十三个儿子和一个从孙都封为藩王，分别在全国各地的军事要点，有自己独立的军队，主观上是想要各个兄弟保卫皇帝，但客观上，埋下了内斗的祸患。第三，洪武十五年（1382），朱元璋建立了一个组织，叫锦衣卫，可以越过政府的刑部等部门，直接侦察、审判等，开启了明代特务统治的先河；后来永乐帝建立了东厂、明宪宗设立了西厂，成为明代政治体制里很特别的两厂一卫。他们之间也是相互制约、相互斗争。

太子朱标比朱元璋更早去世，所以，接替朱元璋的是朱标的儿子朱允炆，也就是建文帝。但建文帝很快就被他的叔叔朱棣推翻，朱棣为明成祖，进入永乐年代。明成祖推翻建文帝的时候，太监起了很大作用，因此，明成祖之后，太监在朝廷内担当了最重要的角色，以至于后来有人评价，明朝就是太监当政。朱元璋和朱棣奠定了明朝政治的基础，后来发生的种种，都可以从他们那里追溯。王阳明出生的时候，是明宪宗成化年代，少年到青年，以及职业生涯的开始阶段，是在明孝宗弘治年代。1506年，皇太子朱厚照继位，开始了明武宗正德年代。

可以说，王阳明生活的时代，是一个在政治上极为严酷的时代，明孝宗在明朝的皇帝里，被认为是一个比较正常，而且有所作为的皇帝。但体复杂的权力斗争，也让进入仕途的王阳明几次想离开官场，去山里做阳明山人。到了明武宗，情况变得很糟糕。

明武宗重用八个太监，以刘瑾为首。刘瑾是明武宗朱厚照的小太监，从小的玩伴。朱厚照当皇帝的时候只有十五岁，他的父亲死前为他安排了三位辅助大臣：李东阳、刘健、谢迁。三位大臣都是名重一时的人物，其中李东阳是著名的诗人。但武宗不喜欢文官，不喜欢规矩束缚自己，他喜欢的是和刘瑾无拘无束地游玩。结果，朝廷形成了以皇帝和刘瑾为一方的集团，和以刘健等为首的文官集团。文官集团希望皇帝能够按规矩做皇帝，治理国家，和太监集团的斗争很激烈。他们不断上书皇帝，希望皇帝远离太监，但都没有什么效果。谢迁和刘健以辞职的方式，想要唤醒皇帝，还是没有用。

一个名叫戴铣的言官，连同另一个言官，上书皇帝弹劾刘瑾，言辞非常激烈，直接怒骂刘瑾等人是阉党、小人。结局是，皇帝认为戴铣等一派胡言，把他们都关进了牢里。

王阳明就是在戴铣入狱后，决定向皇帝写一封信，为戴铣他们说情。戴铣并非王阳明的亲戚或好友，王阳明这样做，在我看来，是他立志的种子在起作用，他要做圣贤。在这样的情况下，理当上书皇帝，告诫皇帝走上正确的道路，这是臣子的责任。他当然知道危险，但对于一个立志做圣贤的人，圣贤的原则高于一切。总之，王阳明觉得他必须顺从自己内心，去做这样一件很危险的事情。果然，这封信让他付出了沉重的代价。

明知道危险，但出于原则，仍然去做了，我们一般人并不容易做到。做到了，被抓进监狱，往往又会愤恨、埋怨，觉得上天不公，让好人蒙冤。自己明明没有做错什么，却要进监狱。实在是没有天理。但王阳明还是相信天理，还是那颗"做圣贤"的种子在推动着他。他对于自己的行为没有一丝后悔，更没有怨天尤人。

最痛苦的时候，他在监狱里学习《周易》，在孔子的儒家思想里，《周易》是重要的构成部分。王阳明写了一首读《周易》的诗，用了六个卦。杜维明先生分析了这六个卦的含义，第一是蒙卦，一个蒙昧青年，"停留在危险的边缘不知所措"，王阳明建议把重点放在阳爻上，爻表示的是阴阳交织的整体作用，对地球来说就

59

是指太阳和月亮的运动对地球的交织作用，有"作用相交织"的含义。爻是组成卦符的基本符号。阳爻，代表阳性原则。杜维明认为诗句表达的是，虽然自己无故受到很重的惩罚，但最好是承受这种苦难，而不是采取激烈的行动对抗。第二是大畜卦，守持、收敛、养护。不仅仅是一种防卫姿态，还可以是为了将来采取勇敢行动而培养自己的活动和培育内在力量的一种方式。第三是蹇卦，表示险阻迟早会出现，但能够被克服，也应该被克服。第四是震卦，表示震动造成了他的不利位置，但是暂时的，考验过后，就会很轻松。第五是遁卦，寓意是黑暗势力在上升，光明退至安全之处，使得黑暗不能侵害，这种引退不是出于人的意志，而是出于自然规律，在这种情况下，撤退是恰当的举动。第六是蛊卦，"蛊"字的意思是容器里有一些虫子，还是有毒的，所以很危险，但在这种危险的情况下，可以升华，不为国君和王公效力，可以去做更高尚的事情。依杜维明的解读，这句诗是说，王阳明认为以身示范，传播儒学，比科举做官更有意义。（见杜维明著《青年王阳明》）

最后，皇帝下诏把王阳明贬到贵州龙场去做一个小官。这在当时等于去送死。这让王阳明陷入了两难，如果不去，将会遭受更严厉的惩罚；如果去，几乎就是九死一生。怎么办呢？很难办，这个难办大概让王阳明彷徨了一段时间，所以，在王阳明出狱之后到龙场上任，差不多大半年时间，神秘失踪了。关于这一段失踪，有很多说法。比较流行的说法是，他先到了钱塘江胜果寺养病。然后，刘瑾派了两个特务追杀他，他就在江边伪造了一份遗书，还有鞋子衣服，给人跳江自杀的假象，实际上是去了武夷山，准备完全躲起来隐居了。但最终，王阳明还是选择了去龙场上任。推动他作出这个决定的，是占卜，他在武夷山很矛盾的时候，占了一卦，占得的是"箕子之明夷，利贞"。箕子是殷朝纣王的叔叔。传说也是朝鲜的开国国君。这个卦的意思是什么呢？当时箕子劝谏纣王，纣王不听，有人劝他不如逃亡算了，箕子不肯，认为劝谏君王，君王不听，自己就逃跑，是在显示君王的暴行而讨好人民。于是，就假装自己发疯了，做了奴隶，也就是宁可伤害自己，也要守持正道。所以，这一卦讲的是，不应该逃跑自保，而应该坚守正道，光明终会到来。

当时王阳明写过一篇《田横论》，也可以看出他的想法。田横是秦汉之际的一个人物，用自杀来表白自己不肯归降汉朝，被称为壮士。王阳明这样评论："知死为义，而不权衡乎义，勇有余而智不足也。天下未尝有不可处之事；吾心未尝有不可权之事。"历史上一直把田横看作是杀身取义的烈士，但王阳明却认为田横这样做，是有勇无谋，没有认真去权衡义到底是什么。在王阳明看来，天下的事情，再难，总是有可以处理的办法；天下的道理，再难讲清楚，我的心总能够权衡清楚。

王阳明决定委曲求全，去贵州龙场做一个小官，却成为中国思想史上的一个高光时刻：龙场悟道。

11　做任何事，首选要找到关键点

你身上有别人拿不走的东西吗？

如果拿这个问题问王阳明，他一定会回答：志向。你的志向是别人拿不走的。在人生最艰难的时候，成为圣贤的志向，把王阳明带出了危机。所以，王阳明特别推崇立志。有一次，他批评他一个学生："大家的学问没有进步，主要是由于没有立志。"一个学生站起身来答道："我也愿意立志。"王阳明说："很难说你不立志，但不一定是圣人的志向。"学生回答："我愿意立定做圣人的志向。"王阳明说："你真有做圣人的志向，良知就会无穷无尽。良知上若还有别的牵挂，就一定不是做圣人的志向了。"

你一定要立志，而且要立的一定是圣人的志向。

如果我们不了解王阳明的经历，可能会觉得这是一句空话。但了解了王阳明的经历，就会知道，这是他发自肺腑的话。因为

"圣人的志向"切实地帮助了他。想象一下，王阳明的"志向"如果只是当大官，那么，遇到牢狱之灾，遇到流放发配到边地，会怎么样呢？一定会绝望。因为从当官的逻辑看，身处牢狱或边地，就只能绝望了。因为官是一个外在的东西，不是我们想当就当的。但是，做一个具有圣人人格的人，是我们可以自己控制的，在哪里都可以去成就，而且，越是艰难的环境，越能成就我们的人格。

讲到这里，我想起了唐伯虎，唐伯虎弘治十二年（1499）和王阳明一起参加会试，因为舞弊案，被发配到浙江一个偏远山区当小小官，他觉得很受侮辱，就拒绝上任，还写了一首诗：

不炼金丹不坐禅，不为商贾不耕田。
兴来只写青山卖，不使人间造业钱。

大意是自己不当官，也不愿意去学佛学禅，也不愿意去当农民或商人，那怎么办呢？就靠自己的本事，写写字，画画画，拿去卖了还钱。最后还说了一句很傲慢的话：不使人间造业钱。好像当官啊之类的职业都在造孽。

王阳明在正德二年（1507）出狱后，被贬到更偏远的贵州龙场。他很犹豫要不要去上任，在犹豫之中，写了一首诗：

险夷原不滞胸中，何异浮云过太空。
夜静海涛三万里，月明飞锡下天风。

很难想象这是一个逃难中的人写的诗句。一下子把自己放在了宇宙这样一个背景上。这首诗的第一句是一个比喻：假如心像太空那样浩瀚洁净，那么，再多的挫折痛苦都像浮云，不会停留，只是飘过。第二句里有一个佛教故事，马祖道一的弟子隐峰禅师有一次遇到官兵和叛军在打仗，杀得血肉横飞，心有不忍，便将锡杖掷向空中，然后飞身而上，瞬间而过。两军士兵看到这一景象，再无争斗之心，由此罢战。所以，这个锡杖是大智慧、大慈悲的符号。王阳明说："无边的夜空下海涛翻滚，月光皎洁，我要拿着锡杖乘风从天上飞驰而下。"

我们可以细细品味一下唐伯虎的诗和王阳明的诗。当我们处于绝境，还可以依靠的东西，就是我们作为一个人，在这个社会中生存的资本。用经济学的术语，就是我们身上的稀缺性。越是稀缺的，就越是宝贵的。是别人拿不走的东西。唐伯虎说"兴来只写青山卖"，他依靠的是他的技能，他的画画得很好，这是他的稀缺性，他凭这个可以很傲慢地不接受任命，靠自己的画，过自己的日子，这是他可以骄傲的本钱。那王阳明靠什么呢？是他的志向，圣人的志向，让他的心像太空一样浩瀚，人世间的艰难险阻都不会阻挡他的前行。这个是他的资本，好像很虚，但实际上很有用，王阳明凭借这个成就了一代宗师的地位。

技能和思维方式，是我们身上别人拿不走的东西。当然，我们很难达到唐伯虎那样的才能，那个是天赋，一般人很难拥有。我们大多数人，用尽我们一生，可能都很难学到别人那种天赋的技能。但我们通过学习，总是能够有一技之长，成为我们生存的资本。而思维方式、心态、人格，更是我们身上别人拿不走的东西，而且是不需要靠天赋的，是每一个人愿意学习就可以学到的，学到以后就受用无穷，但我们往往会忽略了这个，总觉得志向啊，品格啊，思维方式啊，太虚了，没有什么用。

所以，如果你要创业的话，你首先要想明白你真正想做什么，你自己身上有什么别人拿不走的、只有你才有的资源。这个就像一颗种子，有了这颗种子，再找一个合适的地方，种下去，慢慢发芽成长，最后根深叶茂。很多人的失败，源于他们不去自己身上找到种子，而是成天去找窍门，找风口。今天 P2P，明天新零售，后天又是区块链。然后，烧钱，然后，倒闭。

找工作也是如此，每年我们学校都有毕业生，经常有学生问我："老师，找什么工作好？"我的回答是，先不要想着去找好工作，所谓好工作，都是社会界定的，但今天的好工作，十年后可能会变成差工作。所以，不要先急着找工作，而是找自己，就是好好想清楚你这辈子想要成为什么样的人，有没有什么事情值得你一辈子去做的。想明白了这个事，就找到了一生的种子，它会让人像树一样成长。

成长的过程里，重要的是学习。所以，不要想着什么是好工作、好单位，而是什么样的工作能够让你更好地成长。作为父亲，在孩子很小的时候，我就启发她找到自己内心真正喜欢的东西，找到种子和根源。每次买玩具，都让她自己选择。在选择的过程里，人会慢慢找到真正想要的东西。

找到关键点，找到那颗种子，找到那股能让你越来越开阔的源泉，这是王阳明心学的种子法则在生活方式层面非常实用的一种方法。这种方法会让你做任何事情的时候，抓住要点，会让你的人生变得很简单，但很丰富，会让你活在一个整体性里，也会让你不纠结，踏踏实实埋头做事。

贰 心灵法则

心者,身之主也,而心之虚灵明觉,即所谓本然之良知也。

——《传习录·答顾东桥书》

01　凡事要在心上下功夫

王阳明心学的第一个法则，是种子法则，就是我们应该找到自己的种子。那么，自己的种子在哪里呢？在心里。这是王阳明心学的第二个法则，心灵法则。我们要找自己的种子，去哪里找呢？去自己的心里找。

王阳明在青年时代有过两次不经意间关注到了心。

第一次是第二次考试没有考上的时候，他很平静地对别人说：大家都以考不上为耻，而我以考不上动心为耻。这里，王阳明讲出了心的一个基本作用：我们没有办法改变事实，但是，心可以改变我们对事实的看法。一旦我们改变了对事实的看法，我们就在创造新的事实。

第二次是新婚在南昌期间，因为无聊，要打发时间，他就练习书法。练习中，他摸索到一种方法，叫"心上练"，他的解释是:"既非要字好,又何学也?乃知古人随时随事只在心上学,此心精明,字好亦在其中矣。""吾始学书,对模古帖,止得字形。后举笔不轻落纸,凝思静虑,拟形于心,久之始通其法。"大意是,我开始学习书法的时候,只是模仿古人的帖子,只学了字形,后来写字的时候,不轻易下笔,先在心里想清楚后再动笔,慢慢就找到书法的秘诀了。这个书法的练习心得,显示王阳明年轻时候,已经懂得凡事要在心上下功夫的道理。

但彻底明白这个道理,并践行这个道理,却是在很多年后遭遇了人生第一次重大挫折之后。正德三年(1508)他被贬到了贵州龙场,在无依无靠的荒凉之地,发生了王阳明个人成长史上的转折点,也是中国思想史上的一个转折点,叫做龙场悟道。那么,龙场悟道到底悟出了什么呢?悟出了对于格物致知的新理解。

《大学》讲格物致知,是人格完成的重要环节,在王阳明看来,朱熹把格物理解为向外探究事物的规律、法则、道理,是不恰当的,而是应该先向内正心,探究自己的心中的理。这个和《六祖坛经》开创的禅宗有一样的思路。六祖惠能反对打坐,主张应该先从心性上觉悟,打坐之类的形式才有意义。先要向自己的内心探究明白,做其他的功夫才会有用。后来南岳怀让用两个比喻说明这个道理:一个是如果你用一块砖头,想磨成绣花针,你怎么努力都没有用,除非你把砖头变成铁块;另一个是当牛车不走的时候,你打车是没有用的,你要打牛。王阳明讲的格物就是格心中之理,意思是一样的,你必须从心这个源头上去探究万事万物的道理,否则,是白费功夫。格物之后,是致知,获得正确的认知。但王阳明进了一步,把致知理解为知行合一。知必须有行,才是真正的知,行必须有知为前提,才是真正的行。所以,龙场悟道之所以重要,是因为王阳明初步建立了自己的心学体系,以心为本体,以知行合一为功夫的心学体系。

以心为本体,是关键的关键。以心为本体,就决定了王阳明心学的心,不完全是和身体相对的心,而是包容了身体和心理并且超越了身体和心理的那颗心。王阳明对学生说:心不是那颗肉块心,不是生理上的心,而是那种能够让你感觉,让你思想,让你审美,让你觉悟的那颗心。又说人是天地之心。

王阳明心学的心灵法则,最核心的意思,是我们做任何事情,都应该从源头上下功夫,这个源头,就是我们自己的心,所以,王阳明说,圣人之道,吾性自足,那个"圣人"就在自己心中,我们自己从心地上去成就就可以,完全不需要向外去求。我们自己的内心,拥有无穷的力量,如果我们用心,去好好耕种我们的心田,我们就可以用心的力量,让我们自己的人生变得可控,你就能够心想事成。心想事成,前提是你要有心,还要用心。

这其实是一个基本的、客观的事实,但我们常常看不到,总是向外求。王阳明入狱,又被贬到龙场,整个过程里,向外求,其实也没有什么用。你再向皇帝去求,都不能保证皇帝能够改变,你也不用指望刘瑾会发善心,这些都没有办法控制。但自己的情绪确实是能够控制的,应该做什么,是自己能够决定的,而且是可以去做的。与其指望皇帝或刘瑾,不如要求自己马上做当下能做的事。能够拯救王阳明的,其实是他自己的心。

王阳明所说的心，以及后来他所说的良知，不是心态的心，也不是心理的心，而是本体意义的心，良知也是本体意义的良知，简单地说，王阳明讲的心和良知，指的是本原性的东西。所以，王阳明才会反复说，良知就是树的根。我们为什么要找到并实现我们的良知？就因为它是根。只有找到了根，你的生命才能枝繁叶茂，最重要的是，找到了根，你的生命才能成为一个整体。当然，也可以说，良知是水的源泉。生命像水一样流逝，只有找到了源泉，才能生生不息、源源不绝，成为一个整体。

　　心是天理，是良知，也是整体性。或者说，心是一种把一切统摄起来的力量。因此，心外当然无物。心就是物。当王阳明说心外无物，说心即天理，就是良知，我们要致良知，他的意思是我们要回到那个整体性中。我们应该回到整体性，不应该生活在分裂的碎片里。心，意味着一个整体性的世界。

　　所以，心即物，心即宇宙。

　　心灵法则，就是让我们时刻聚焦于内心，不断修炼，渐渐找到一个根源性的东西，这个东西找到之后，就可以一以贯之，一通百通。我特别喜欢"心田"这个词，心就好像一片田地，这是我们唯一应该下功夫去浇灌的地方，那个地方有我们的种子。

02　常快乐便是真功夫

正德三年（1508），三十七岁的王阳明到了贵州龙场。古代的三十七岁，已经是中年了。龙场是蛮荒之地，对于一般人而言，贬至此地几乎等于判了无期徒刑，甚至相当于死刑。王阳明刚到龙场，遇到一名从内地来的小官，带着儿子和仆人去更远的地方任职，经过龙场的时候，三个人都死了。王阳明出于怜悯，埋葬了他们，还写了一篇《瘗旅文》，讲述了这件事。这篇文章后来被收入《古文观止》，全文的翻译如下：

大明正德四年（1509）秋季某月初三日，有一名吏目从北京来到这里，不知他姓什么叫什么。他带着一个儿子、一个仆人，将要上任，路过龙场，投宿在一户苗族人家。我从篱笆中间望见他，当时是昏黑的夜晚，下着小雨，我本想向他打听北方的情况，却没有说上话。第二天早上,派人去探视,他们已经走了。

中午,有人从蜈蚣坡那边来,说:"有一个老人死于坡下,旁边两人哭得很伤心。"我说:"这一定是吏目死了。可悲啊!"傍晚,又有人来说:"坡下死了两个人,旁边一人坐着叹息。"问明他们的情状,才知道他的儿子又死了。第二天,又有人来说:"看到坡下堆了三具尸体。"看来。他的仆人又死了。唉,真是令人伤心啊!

想到他们的尸骨暴露在荒野,没有人认领,我带着两个童仆,拿着畚箕和铁锹,前去埋葬他们。两名童仆脸上流露出为难的情绪。我说:"唉,我和你们,和他们是一样的啊。"两名童仆怜悯地淌下眼泪,愿意一起去。于是,就在旁边的山脚下挖了三个坑,把他们埋了。随即供上一只鸡、三碗饭,一面叹息,一面流着眼泪,向死者祭告说:

唉,悲伤啊!你是什么人,什么人啊?我是此地龙场驿的驿丞、余姚王守仁啊。我和你都生长在中原地区,我不知你的家乡是哪里,你为什么要来做这座山上的鬼魂啊?古人不会轻率地离开故乡,外出做官也不超过千里。我是因为流放而来此地,理所应当。你又有什么罪过而非来不可呢?听说你的官职,仅是一个小小的吏目而已。薪俸不过五斗米,你领着老婆孩子亲自种田就会有了。为什么竟用这五斗米换去你堂堂七尺之躯?又为什么还觉得不够,再加上你的儿子和仆人啊?哎呀,太悲伤了!

你如真正是为留恋这五斗米而来,那就应该欢欢喜喜地上路,为什么我昨天望见你皱着额头、面有愁容,似乎承受不起那深重的忧虑呢?这一路上满是雾气露水,还要攀缘悬崖峭壁,走过万山的峰顶,饥渴劳累,筋骨疲惫,又加上瘴疠侵蚀你的身体,忧郁攻击你的内心,难道能免于一死吗?我一看到你的愁容,就知道你会死掉,可是没有想到会如此之快,更没有想到你的儿子、你的仆人也会很快地死去啊。都是你自己找来的呀,还说它做什么呢?我不过是怜念你们三具尸骨无所归依才来埋葬罢了,却使我引起无穷的感怆。

唉,悲痛啊!纵然不葬你们,那幽暗的山崖上狐狸成群,阴深山谷中粗如车轮的毒蛇,也一定能够把你们葬在腹中,不致长久地暴露。你已经没有一点知觉,但我又怎能安心呢?自从我离开父母之乡来到此地,已经三个年头。历尽瘴毒而能勉强保全自己的生命,主要是因为我没有一天怀有忧戚的情绪啊。今天忽然如此悲伤,乃是我为你想得太重,而为自身想得很轻啊。我不应该再为你悲伤了!

我来为你歌吟,请你听着:连绵的山峰高接云天啊,飞鸟不通。怀念家乡的游子啊,不知西东。不知西东啊,顶上的苍天却一般相同。地方纵然相隔甚远啊,都在四海的环绕之中。豁达的人啊到处为家,又何必守住那旧居一栋?魂灵啊,魂灵啊,不要悲伤,不要惊恐!

再唱一支歌来安慰你:我与你都是离乡背井的苦命人啊,蛮人的语言谁也听不懂,性命没指望啊,前程一场空。假使我也死在这地方啊,请带着你你仆紧相从。我们一起遨游同嬉戏,其乐也无穷。驾驭紫色虎啊,乘坐五彩龙;登高望故乡啊,放声叹

75

息长悲恸。假使我有幸能生还啊,你还有儿子仆人在身后随从;不要以为没有伴侣啊,就悲悲切切常哀痛。道旁累累多枯冢啊,中原的游魂卧其中,与他们一起呼啸,一起散步从容。餐清风,饮甘露啊,莫愁饥饿腹中空。麋鹿朝为友啊,到晚间再与猿猴栖一洞。安心守分居墓中啊,可不要变成厉鬼村村寨寨乱逞凶!

《瘗旅文》中,王阳明说自己之所以能够在这么恶劣的环境下活下来,靠的是"没有一点忧戚的情绪"。确实如此。王阳明到了龙场,既来之则安之。没有房子,他和仆人动手,搭建了草屋。后来在山里发现一个山洞,很像老家绍兴会稽山上的阳明洞天,就把家搬到了山洞,命名为"阳明小洞天"。山洞里很冷,他的三个仆人生病了。吃草药也没有什么用。当地人相信生病是得了什么诅咒,仆人听了非常害怕。王阳明就说自己会打卦算命,然后就像巫师那样,为他们算卦,告诉他们诅咒已经解除了。神奇的是,他们的病很快就好了。这应该是心理暗示的作用。

王阳明自己也生了病,当地人想用巫术帮他治病,被他谢绝了。靠着打坐,吃草药,自己治好了自己的病。到龙场后,王阳明还做了一件特别有意义的事情,创办了龙冈书院,招收当地的年轻人来学习。这个书院在贵州历史上有它的地位。所以,王阳明很快融入当地人的生活,赢得了当地人的尊敬。

很多年后,王阳明有一个学生问王阳明:"我生病了,怎么办?"王阳明回答:"常快乐。"有一位学生患了眼病,十分忧愁,王阳明说:"你呀是看重眼睛,却看轻了内心。"如果我们不了解王阳明的经历,也许会觉得王阳明说的这两句话多么空洞,多么"鸡汤"。但对于王阳明来说,这两句话都是实实在在的经验,没有半点虚假。心的力量,积极乐观的力量,确实把王阳明带出了现实的困境。我们可以再回顾一下王阳明入狱的时候做了什么,可以再回顾一下他在武夷山走投无路的时候写的那一首诗:"险夷原不滞胸中,何异浮云过太空;夜静海涛三万里,月明飞锡下天风。"王阳明一生遇到很多灾难,但他总是保持着一颗乐观的心。

悲观并不是一种完全消极的情绪,如果运用得当,可以使我们保持清醒,但悲观过度,会带来很多不好的结果,比如抑郁,比如身体的疾病。美国心理学家马丁·塞利格曼通过对小狗的实验,发现了一种心理现象,叫习得性无助。大概的意思是,有些人会因为多次受到挫折,就放弃了一切努力,只是被动地等待命运的降临。不管遇到什么困境,都逆来顺受,不做任何尝试。这种习得性无助是一种消极的情绪,会影响到人的方方面面。但马丁·塞利格曼认为,乐观是可以学习而获得的。所以,他创立了一个心理学流派,叫积极心理学。简单地说,传统的心理学会认为,因为有好事情,所以,我就微笑、快乐,但积极心理学认为,因为我微笑,我快乐,所以,遇到再不好的事情,也不能打垮我。

03　君子住到了那里，怎么还会简陋呢？

王阳明的一生，可以说都在以心转境，以自己的心境创造了环境。当他被贬到龙场，开始的时候住在山洞里。当地人同情他，主动盖了一所新房子，给王阳明居住。王阳明把这所新居命名为"龙冈书院"，把其中自己的居室命名为"何陋轩"，而且以孔子来勉励自己，专门写了一篇文章《何陋轩记》。这篇文章特别能够说明个人的心境如何改变环境，全文翻译如下：

从前，孔子打算到九夷去住，大家都认为那里简陋落后，不适宜居住。孔子说："君子住到了那里，怎么还会简陋呢？"我王守仁因罪被贬谪龙场，龙场远在夷蔡（今河南南部）之外，如今也属于边远地区，此地依然沿袭着过去的风俗习惯。人们都以为我来自京城，会嫌弃这里简陋，不能居住；然而我在这里生活了十个月,却很安然快乐,并不认为这里简陋落后。

这里的人们,结发于额头,说话像鸟语,居住在山区,穿着奇特的衣服。没有华丽的车子,没有高大的房子,也没有烦琐的礼节,有着一种淳厚质朴的古代遗风。大概是古时候,礼法没有完备,就是这个样子的,不能认为是落后呀。我们中原地区,虽是礼义之邦,但不少口蜜腹剑、颠倒黑白、狡猾奸诈、外表忠厚而内心歹毒的人。

难道外表文质彬彬,穿戴着礼义之邦的服饰,遵守规矩法度,就不会鄙陋落后了吗?夷地的人们却不这样,他们好骂人,说粗话,但性情率真、淳朴。世人只是因为他们的言辞粗鄙,就认为他们落后,我不以为然。

我刚到这里,没有房子居住。住在丛棘之中,非常不舒适;迁到东峰,住在石洞里头,却又阴暗潮湿。龙场的人们,老老少少每天都来看望我,喜欢我,不轻视我,日渐亲密。我曾在丛棘的右边开园种菜,夷民认为我喜欢那个地方,纷纷来砍伐木材,就着那块地搭建起一座房子给我居住。我于是种上桧柏竹子,又栽上芍药等花卉,砌好堂前的台阶,置办好室内的房间,摆上琴书图画,讲学诵书游乐之器材大略具备,来交游的文人学士,逐渐增多。于是到我房子的人,好像来到闹市,而我也忘记了我居住在偏远的夷地。于是给房子取名为"何陋轩",以证实和传播孔子的话。

唉,华夏兴盛,那些典章礼乐,经过圣贤的修订而流传,夷地没有,因此称之为简陋落后固然可以;然而,后来华夏轻贱道德而专务于法令，搜刮敲诈的办法用尽，狡猾奸诈，无所不为，毫无浑厚质朴！而夷地之人，好比是没有雕琢的璞玉，没有经过加工的原木，虽然粗朴固执，还可以用锤子斧头加工，怎么能够认为他们鄙陋呢？这正是孔子想要迁居到九夷的原因吧？

尽管这样，典章文化，怎么可以不宣讲呢？现在夷地的风俗，崇尚巫术，敬奉鬼神，轻慢礼仪，放任情感，偏离正道，不合礼节，难免于鄙陋之名声，这是不讲典章文化导致的。然而这不妨碍他们的本质。果真有君子来这里居住，大概很容易教化他们吧。而我不是能担此重任的君子，因此写下这篇记以等待将来人。

王阳明去贵州龙场的过程，是一个非常痛苦的过程，他甚至想到了去武夷山隐居，也不愿意去龙场。后来想明白了以后，觉得到再偏僻的地方，也还是可以做圣人，也还是可以做自己想做的事情，比如开书院。同时，他又用了这样一个问题开解自己，就是：圣人处此，更有何道？假如圣人也像我一样，被流放到龙场，会怎么做呢？

《何陋轩记》算是一个回答，开篇引述孔子的那一句话特别深刻，孔子的意思是，再简陋的地方，如果是君子去了，就不会简陋了。或者说，君子去了再简陋的地方，都不会困在简陋里，而是会让这个地方变得不再简陋。这是儒家圣人的信念：人格的力量可以改善环境。这句话应该给了王阳明巨大的力量。不到三年，他就让龙场变得不再简陋了。

孔子的这句话在《中庸》里有过进一步的解读，王阳明在搬到阳明小洞天后，写了一首诗，里面用了《中庸》里这句话作为典故："夷居信何陋，恬淡意方在；岂不桑梓怀，素位聊无悔。"这里的"素位"出自《中庸》："君子素其位而行，不愿乎其外。素富贵，行乎富贵；素贫贱，行乎贫贱；素夷狄，行乎夷狄；素患难，行乎患难。君子无入而不自得焉。在上位，不陵下；在下位，不援上。正己而不求于人，则无怨。上不怨天，下不尤人。故君子居易以俟命，小人行险以徼幸。子曰：'射有似乎君子，失诸正鹄，反求诸其身。'"

大意是："君子安于现在所处的地位去做应该做的事，不生非分之想。处于富贵的地位，做富贵中自己应该做的事；处于贫贱的状况，做贫贱中自己应该做的事；处于偏僻地区，就做偏僻地区中自己应该做的事；处于患难之中，就做在患难中自己应做的事。君子无论处于什么情况下都是安然自得的。处于上位，不欺侮在下位的人；处于下位，不攀缘在上位的人。端正自己而不苛求别人，这样就不会有什么抱怨了。上不抱怨天，下不埋怨人。所以，君子安居现状来等待天命，小人却铤而走险妄图获得非分的东西。孔子说：'君子立身处世就像射箭一样，射不中，不怪靶子不正，只怪自己箭术不行。'"

一个君子，不管身处什么样的环境，都应该做自己应该做的事，而不应该因环境艰难就自暴自弃；一个君子，不管外在环境如何，都能够跟从自己的内心去学习、去行动，从而完善自己。也就是说，自己内心的力量可以改变环境，而不是让环境改变自己。这是王阳明从监狱到龙场之后，自己切身的感受。可以说，他以个人经历印证了这段话。

"圣人处此，更有何道"的问题，把王阳明带向了彻底的觉悟。据说，他带着这个问题每天静坐，很快参透了荣辱得失。但在蛮荒之地，心中还有对死亡的恐惧。于是，他为自己做了一副棺材，去棺材边打坐。有一天夜晚，王阳明在静坐中，思考"圣人处此，更有何道"，突然悟出了格物致知之旨，好像是睡梦里有人告诉他的一样，终于明白了"圣人之道，吾性自足"。这个场面，就是著名的"龙场悟道"，标志着王阳明心学的正式出现。

04　心到底是如何运作的？

心到底是如何运作的呢？王阳明在《传习录》里，从不同的角度做过解答。

有人问："心外无物，但深受二元习气的心，总要追求外物，怎么办呢？"

王阳明回答："君主庄严临朝，六卿各司其职，天下一定大治。人心统领五官，也要这样。如今眼睛要看时，心就去追求色相；耳朵要听时，心就去追求声音。就像君主挑选官员，就亲自到吏部；要调遣军队，就亲自去坐在兵部。这样，难道不是有失君主的身份吗？六卿也不能尽到他们的职责。"

这里，王阳明点出了心学最重要的一点：人的心是一个统领。我们的一切，其实是心在起作用，我们想要掌控自己的生活，就必须掌控心。如何掌控心呢？不是虚无缥缈的，而是首先通过五官了解心、掌控心。心首先通过五官在发挥作用,所以,我们要从五官上去探究心的力量。这一点,我们如果熟悉佛学,就很容易明白。佛学里讲五蕴:色、受、想、行、识。这个色,就是五根:眼、耳、鼻、舌、身。也就是我们的身体,我们的身体发生种种情况,都是受想行识在背后起作用。受想行识,就是一般意义上的心。

另有一次,萧惠和王阳明有一段对话,比较详细地讨论了心如何起作用。

萧惠问:"我有为自己着想的心,但不知为什么还是不能克己?"

王阳明说:"你说说你为自己着想的心是怎样的。"

萧惠沉思良久,说:"我也一心要做好人,就自己觉得很有为自己着想的心。现在想来,也只是为了一个身体的自己,而不是为真正的自己。"

王阳明说:"真正的自己怎能离开身体?恐怕你连那身体的自己也还没有好好为他着想。你所说的身体的我,难道不就是指耳、目、口、鼻、四肢吗?"

萧惠说:"正是为了这些。眼睛爱看美色,耳朵爱听美声,嘴巴爱吃美味,四肢爱享受安逸。因此便不能克己。"

王阳明说:"美色使人目盲,美声使人耳聋,美味使人口伤,放纵令人发狂,所有这些,对你的耳目口鼻和四肢都有损害,怎么会有益于你的耳目口鼻和四肢呢?如果真的是为了耳目口鼻和四肢,就要考虑耳朵应当听什么,眼睛应当看什么,嘴巴应当说什么,四肢应当做什么。只有做到'非礼勿视,非礼勿听,非礼勿言,非礼勿动',才能实现耳目口鼻和四肢的功能,这才真正是为了自己的耳目口鼻和四肢。

"你如今成天向外去寻求名、利,这些只是为了你外在的身体。如果你真的是为了自己的耳目口鼻和四肢,就一定会'非礼勿视,非礼勿听,非礼勿言,非礼勿动',这个时候,并非你的耳目口鼻和四肢会自动不看、不听、不说、不动,而是由你的心发生的。这些看、听、说、动就是你的心。你内心的看,通过眼睛来实现;你内心的听,通过耳朵来实现;你内心的说,通过嘴巴来实现;你内心的动,通过四肢来实现。

"如果你的心不存在,也就没有你的耳目口鼻。所谓你的心,也不仅仅指那一团血肉心脏。如果心专指那团血肉,现在有个人死去了,那团血肉仍在,但为什么不能视、听、言、动呢?所谓的真正的心,是那能使你视、听、言、动的'性',亦即天理。有了这个性,才有了这本性的生生不息的事理,称之为仁。这生生不息的天理,显现在眼睛就能看见,显现在耳朵就能听见,显现在嘴巴就能说话,显现在四肢就能动作;这些都是天理在起作用。因为天理主宰着人的身体,所以又叫心。

"这心的本体,本来只是一个天理,原本没有不符合礼制的东西存在。这就是你真正的自己,是你身体的主宰。如果没有真正的自己,也就没有身体,可以说有了它就生,没有它就死。你若真为了那个身体的自己,就必须依靠这个真正的自己,必须常常保持这个真正自己的本体。做到'戒慎不睹,恐惧不闻'(在人看不到、听不到的地方仍然保持警惕谨慎，唯恐有过错），唯恐对这个真正自己的本体有一丝损伤。稍有丝毫的非礼萌生，有如刀剜针刺，不堪忍受，必须扔了刀、拔掉针。这样才是自己着想的心，才能克己。你现在正是认贼为子，为什么还说有为自己着想的心，却不能克己？"

这一段对话里，王阳明又进一步点出了心的作用：我们应该做什么样的人，这个"应该"，是在我们心里。我们只有回到心里，心会告诉我们应该怎么做，应该听什么，应该看什么，应该说什么。所以，"心是人之主宰"，我们之所以看见，之所以听见，之所以会做这做那，都是因为心。

05　情绪是天生的吗？

掌控情绪，一个基本的前提是要有一个认知，什么认知呢？就是情绪并非本能，并非天生。我们之所以受到情绪的控制，是因为我们不知不觉以为情绪是天生的，是本能，就不知不觉跟着它走了。一旦觉悟到情绪并非本能，就能跳出来观察情绪。

这个理念，王阳明在《传习录》里经常提到，而且几次引用了《中庸》里的一句话："喜怒哀乐之未发，谓之中；发而皆中节，谓之和。中也者，天下之大本也；和也者，天下之达道也。致中和，天地位焉，万物育焉。"

喜怒哀乐没有表现出来的时候，叫作"中"；表现出来以后符合节度，叫作"和"。"中"，是人人都有的本性；"和"，是大家遵循的原则，达到"中和"的境界，天地便各在其位了，万物便生长繁育了。

这段话包含了一个深刻的观念，就是所谓的七情六欲，是被建构出来，并非天生如此，我们可以用心的力量去建构我们的情绪。王阳明的学生陆澄解读这句话："当七情六欲生发时，即使情绪特别高涨，只要心中的良知一去觉照，这些情绪就可以缓和消解。或许是把它们扼杀在刚萌芽时，或许是在中途把它们控制住，又或许是事后悔悟。"

王阳明对陆澄的解读表示赞许，并进一步说："你既然对控制情绪有了一定的认识，那么就能理解什么是未发之中、寂然不动的心之本体，就能体验到发而中节的平和，以及感而遂通的妙用。尽管良知不滞留在七情六欲中，然而七情六欲也不在良知之外。"

其实，王阳明的这个解读，在对情绪的理解上，和朱熹的意思大致是相同的。朱熹说："性是未动，情是已动，心包得已动未动。"人性有两个基本，一个叫作性，是不动的，一直就在那里，一个叫作情，是动态的，一直在变化。而这两个基本点背后，是心在运作。中国古代有一个叫尹喜的人，说过这么一句话："情，波也。心，流也。性，水也。"这个解释里，性就是常态，就像是水，平时是平静的。而心相当于能够使得水流动的力量，当叫作心流，心流起作用后，呈现出来的就是情绪，就像水的波浪。

按照达尔文的说法，人类有六种基本的情绪：快乐、悲伤、愤怒、恐惧、厌恶、惊奇。佛教认为有七种：喜、怒、忧、惧、爱、憎、欲。有时也简化为五种：苦、乐、忧、喜、舍。而中国人有"七情六欲"的说法。《礼记》里有七情：喜、怒、哀、惧、爱、恶、欲。《礼记》说，这七种情绪，人类不用学，自己就会产生。中医里的七情指的是喜、怒、忧、思、悲、恐、惊。这七种情绪失调，就会引起疾病。

那么，到底为什么会有情绪呢？一些科学主义心理学派，会把情绪归因于脑部的某些成分。比如，很长一段时间，人们认为恐惧来自脑部某个区域的杏仁核。还有些研究认为，一个人之所以犯罪，是因为脑部有些成分，引起凶残的性格。这种理论带来的结果，就是我们的情绪，乃至我们的行为，其实都是我们体内的化学反应在起作用。这些理论有一定的实验依据，同时，也提醒我们，人体自身的器官，会决定我们有什么情绪和行为。但这种理论导致一种绝望，以及一种借口，就是情绪是天生的。事实上，更多的实验表明，情绪不完全受制于脑部的某些成分。每个人之所以有各种各样的情绪，成因很复杂。

越来越多的心理学家相信，情绪并不是天生的，而是我们自己的大脑和文化建构出来的。不能简单地把情绪看作是一种本能的、天生的对于世界的反应。比如，有三个人走在树林里，第一个男孩子突然发现了一条蛇，按照传统的情绪理论，这个男孩一定会产生恐惧，由大脑中负责恐惧的情绪产生反应。但事实上，如果这个男孩是学习动物学的，发现这条蛇是没有毒性的，他就不会恐惧。再比如，这个男孩后面有两个朋友，甚至有一个女孩是他喜欢的，他就会想：如果我表现得很害怕，会被朋友或那个女孩子瞧不起，所以我要表现出平静的样子。所以，情绪是我们每一个个体自己创造出来的，如果我们去弄清楚这种创造的过程，那么，情绪是可以控制的。

佛学提供了一个特别的途径来解释情绪。佛学也认为情绪和身体器官有深刻的关系，所以，特别强调了六根（眼睛、鼻子、耳朵、舌头、身体、意根）的理念，指出了情绪产生的一般规律，但同时，佛学又用了"末那识"和"阿赖耶识"这两个理念，来建构情绪的复杂运作，形成了一套佛学的情绪理论，很深奥，但深奥的体系里，反复要强调的有三点：第一，所有的情绪一定是有原因的，这个原因一定是可以找到的；第二，所有的情绪都是外在于我们的，都是像戏法或电影一样，只是一个幻相；第三，所有的情绪都不是不能改变的，都是可以改变的，我们可以通过练习改变、转化自己的情绪，从而改变自己的命运。

而在王阳明看来，真正要解决情绪的问题，必须要达到未发之中。那么，怎么样达到未发之中呢？他和学生有一段对话，很有禅宗的风格。

刘观时问："'未发之中'指的是什么？"

先生说："只要你戒慎不睹，恐惧不闻（在人看不到听不到的地方仍然保持警惕谨慎，唯恐有过错），把这颗心存养得纯为天理，就自然理解了。"

刘观时请先生大概谈一下"未发之中"的景象。

先生说："这是哑巴吃苦瓜，没有办法对你说出来，你要明白其中之苦，还须自己去品尝。"这时，徐爱在一旁说："这样才是真知，才是行。"

问题是我们一般人很难达到未发之中，难免会有情绪，这个时候就需要"和"的能力，要时刻对于情绪保持警惕。

06　过得心安理得就好

薛侃在院子里除草的时候，很感概地说："天地之间，为什么善难以培养，恶难以铲除？"就像我们今天有时候也会感叹，为什么这个社会上坏人那么多，好人那么少？王阳明听了，就回应说："既没有培养过，也没有铲除过。"过了不久，先生又说："从培养和铲除的角度看待善恶，只是从外在形式上着眼，就会不正确。"

薛侃听了有点糊涂。王阳明接着说："天地万物，自然而然，就像花草一般。哪有什么善恶之别？你想赏花，就以花为善，以草为恶；而想要利用草，又以草为善了。这些善恶都是由人心的好恶而产生的，所以从外在形式上着眼善恶是不恰当的。"

这个说法引起薛侃的疑问："那不是无善无恶了？"

于是，王阳明进一步解说："无善无恶是天理本来寂静，有善有恶是因情绪顺时变幻。不为情绪的变化所动,就是无善无恶,可以称为至善了。"王阳明的意思是,本体上其实并没有善恶,但人确实有情绪,有情绪就会有善恶的表现,如果我们能够超越情绪,其实就是超越善恶。

薛侃还是有疑问,他觉得这样好像和佛家的无善无恶一样了。

王阳明又解释说:"佛家着眼于无善无恶,就一切都不管,不能够治理天下。圣人的无善无恶,只是不要从私欲出发而刻意生发善恶,不为情绪所动,却遵循先王之道,达到了极致,就自然能依循天理,就能'裁成天地之道,辅相天地之宜'了。"

薛侃还是不太明白:"草既然不是恶的,那么,它也就不应该被拔除了。"

王阳明说:"你这样说,又是佛、老的主张了。如果草对你有所妨碍,为什么不拔除呢?"

薛侃说:"这样就又在有意为善、有意为恶了。"

王阳明说:"不刻意喜欢或厌恶,并不是说全没有了好恶,如果完全没有了好恶,就是一个没有知觉的人了。所谓不刻意去做,只是说好恶都要依循天理,不要再去增添什么意思。这样的话,就好像没有什么好恶了。"

薛侃问:"除草的时候,怎么样全凭天理而没有别的意思呢?"

王阳明就说:"草有所妨碍,应该拔除,就要拔除。有时虽没有拔除干净,也不要放在心上。如果在意的话,就会成为心上的负累,就会为情绪所影响。"

薛侃说:"如此说来,善恶全然和物没有关系了。"

王阳明说："善恶自在你心中，遵循天理即为善，为情绪所动即为恶。"

薛侃说："物的本身是没有善恶的。"

王阳明说："心的运作生发善恶，物本身并没有善恶。世上的儒者很多不懂这一点，于是就终日向外追求，舍心逐物，把格物之学认错了。成天向外寻求，结果只是成就了一个'义袭而取'（只是偶然合乎天理而有所获），一辈子的行为还是没有着落，对于自己的习气还是没有察觉。"

薛侃问："'喜欢美好的色相，厌恶难闻的气味'，这句话又该如何理解呢？"

王阳明说："这正是自始至终遵循了天理，天理本当如此，天理本无私意喜欢什么、厌恶什么。"

薛侃说："喜欢美好的色相，厌恶难闻的气味，难道不是有个意思在起作用吗？"

王阳明说："这是诚意，而非私意。诚意只是遵循天理。虽然遵循天理，也不能再添加一分私意。因此，有一丝愤恨与欢乐，心就不能中正。大公无私，才是心的本体。明白这些，就能明白'未发之中'（情绪念头没有生发时候的中正状态）。"

在这一段对话里，王阳明反复解释了如何看待善恶。关于善恶，应该说是有标准的，又是没有标准的。可以说必须根据自己内心的标准，也可以说是必须按照社会的标准。先说有标准的。这个标准是什么呢？首先，我们每一个人生活在具体的社会环境里，每一个社会环境里都有各种各样的法律制度，以及各种各样的公共规则，还有一些道德规范，如果你想在这个环境里生存下去，就必须遵守这些法律和公共规则、道德规范。这些规则小到怎么过马路，大到怎么处理经济纠纷等等，都有一套规定，规定了什么是善的，什么是恶的，什么是可以做的，什么是不可以做的。如果你不遵守这些规则，就很难在这个环境里生存下去。也就是说，作为一个人，最基本的要求，就是遵守社会层面的法律、公共规则和道德规则。这些规则也是善恶的基本标准。

除了这些社会规则之外，如果你有信仰，那么，每一种信仰对于善恶都有一套标准，比如佛教里面有各种戒律，有非常明确的善恶的标准，简单地说有十种基本的善，相对地，就有十种基本的恶。从行为上远离杀生、偷盗、邪淫；从语言上远离妄语、两舌（挑唆）、恶口（语言粗俗）、绮语（淫邪的言辞）；从思想上远离贪、嗔、愚。离此十种恶业，就是修行十种善业。如果我们把各种宗教进行对比，可以发现它们在善恶标准上基本是相同的，而且都主张要行善。

一般来说，法律规则、公共规则，每一个人都必须无条件地地遵守。比如，交通规则，每一个人必须无条件地遵守，如果不遵守，就要受到处罚。但关于个人道德方面的规则就比较复杂，基本属于个人行为，很难用社会标准去衡量，只能每一个人自己根据自己的内心，去衡量、去决定。比如，穿奇装异服之类，甚至像美国的嬉皮士那样的生活方式，都是个人自己判断。

大概界定的话，凡是涉及公共领域的事情，应该按照社会标准去判断，凡是涉及私人道德领域，应该按照内心的标准去判断。

更进一步，也许可以说，涉及公共利益的，应该按照社会的标准，只是涉及当事人自己利益的，应该按照内心的标准。

作为一个人，在人世间，第一应该遵守法律，按照社会标准规定的善恶去要求自己，不做恶事，只做善事；第二，假如有信仰的话应该按照信仰界定的善恶去要求自己，不做恶事，只做善事；第三，要认识到道德层面的法则有相对性，所以，对于别人要有宽容心，要经常提醒自己，我们常常把对自己好的人，当作了好人，把对自己不好的人，当作了坏人。遇到个人道德层面的抉择，要听从自己的内心。这些，都是一个人在人世间所能做到的。

人世间确实有善恶分别，但是，如果能够跳出人世间，站在宇宙的高度来看待人类，那么，又是可以超越善恶的。或者说，最根本的解决恶的方法，是从意识层面断除善恶的概念。这就是王阳明心学。一方面让你做善事，不要做坏事，另一方面，在终极层面又会告诉你要超越善恶，才能得到真正的解脱。

普通人要理解这个，并不容易，所以，王阳明在对话里还隐含着一个意思，就是你没有必要想太多，没有必要去贴标签，没有必要去分别这个分别那个，你只要心安理得就好了。

07 天下难道有心外之事、心外之理吗？

徐爱有一次问王阳明："如果只从心里去寻求至善，会不会无法穷尽天下所有的事理呢？"王阳明说道："心就是理啊。天下难道有心外之事、心外之理吗？"

徐爱说："比如侍奉父亲的孝道、侍奉君主的忠诚、结交朋友的诚信、治理百姓的仁爱，其间有许多道理，大概也不能不去细细探究。"

王阳明感叹地说："这种说法蒙蔽世人很久了，不是一两句话就能说得清楚的。姑且就你问的来聊一聊。比如侍奉父亲，不是从父亲那里求得孝的道理；侍奉君主，不是从君主那里求得忠的道理；交友、治理百姓，不是从朋友和百姓那里求得信和仁的道理。孝、忠、信、仁都在这个心里面。心就是理。人心没有被私欲遮蔽，就是天理，不用到心外去增添分毫。用这颗纯乎天理的心，表现在侍奉父亲这件事上就是孝道，表现在侍奉君主这件事上就是忠诚，表现在交友和治理百姓上就是诚信和仁爱。只要在自己心中下功夫摒除私欲、存养天理就可以了。"

　　王阳明以孝、忠、信、仁四件事开导徐爱。比如，孝顺父母，好像是父母需要孝顺，才去孝顺，实际上，是我们自己身上的孝心在驱动我们去孝顺，也只有找到我们自己的孝心，才是真正的孝顺。在另一个地方，王阳明又用眼睛生病了为例，说明什么是向内求。眼睛生病了，看不清，或者看不见，你需要治疗眼睛本身的毛病，而不是去寻找光明。如果眼睛看不见，再多的光明，也是黑暗。

　　讲到这里，我想起一个心理学实验，弗吉尼亚理工学院心理学教授 E. Scott Geller 1984 年开始研究美国大学生的饮酒问题。他在学校附近的酒吧进行了实地考察，发现一般情况下，以桶为单位喝啤酒的人，要比以杯为单位喝啤酒的人，会多喝两倍以上的酒。所以，他的结论是如果我们禁止使用啤酒桶，饮酒问题就会得到改善。但二十七年后，在 2011 年的美国心理学大会上，他承认，啤酒桶不是关键，关键是"想要一醉方休……我们在多项研究中指出，他们的意图会影响他们的行为。如果他们想要喝醉，那么你很难阻止这件事的发生"。

　　是"想要一醉方休"的心，引起了饮酒问题，而不是酒桶。但我们常常把力气花在了酒桶上，而忘了那颗"想要一醉方休"的心。只有控制了那颗心，饮酒的问题才能彻底解决。

　　《论语》里有一句话，"生死有命，富贵在天"，大意是什么时候生什么时候死,贫穷还是富贵,都不是我们自己能够掌控的。但这句话的下一句是:"君子敬而无失,与人恭而有礼,四海之内皆兄弟也。"意思是怎么做人是我们可以控制的。君子不要去操心生死富贵这些没有办法控制的事情,只要一心好好做人就可以了。所以不要向外求,外求的东西都不是能掌控的,要向内求,向内求,你才能够掌控你的人生。

用王阳明的说法,"万事万物的理,不在我心外",我们只要涵养我们的心性就可以了。

08　回到内心的四个层面

王阳明心学，不是王阳明在书房里想出来的，而是在严酷的生活里应对各种困境而生发出来的。如果从哲学的角度看，王阳明心学会有很多不严谨的地方，甚至矛盾、笼统的地方，但还是很打动我们，为什么呢？因为有生命的质感和温度。

要向内求，不要向外求，这是王阳明在《传习录》里翻来覆去讲的一个意思。如果我们不把王阳明的意思弄清楚，就会成为一句很空洞的话，甚至会成为一句自欺欺人的自我安慰的话，也会带来困惑。如果我饿了，去找食物吃，算不算向外求呢？如果饿了，也只能向内求，怎么求呢？挺困惑的。要向内求，不要向外求，不是一句随意滥用的话，而且有它特定的含义。

王阳明讲不要向外求，要向内求，有一个关键的关键，就是心即理。我们向内求，求什么呢？求那个理，天理，后来王阳明用致良知来表达这个意思，更加贴切。所谓向内求，回到内心，倾听内心的力量，在王阳明的表达里，指的是我们做一个人，要想在这个世界上好好活着，要想把什么事情做好，首先应该找到自己的种子，这颗种子就在我们内心，为什么在我们内心呢？因为天理，就在我们内心。所谓天理，就是自然法则，就是人的本性。王阳明把它叫做良知。

"良知"这个词来自《孟子》。《孟子》中说："人之所不学而能者，其良能也；所不虑而知者，其良知也。"大概的意思是，只要你是人，你心中就潜藏着对于自然法则的认知，就有知道事物的能力。王阳明在孟子的基础上，把良知作为一种人所具有的普遍潜能。只要是人，他本性中就具有分辨是非的能力，判断的能力，只是我们一般人因为各种欲望，而把这种潜能遗忘了。

很明显，在这个表述中，王阳明所说的心，和儒释道三家说的心一样，都不是我们一般人理解的心理的心，而是包含了物质和精神、心理和身体，而又超越了物质和精神、心理和身体的一种本原性的动力。有时候，我们勉强地用直觉形容心的作用。直觉是一种奇妙的经验，当我们说，要相信直觉，某种意义上，就是要相信自己的心。

王阳明讲的向内求，不要向外求，包含了四个层面的意思。第一个层面是本体层面的。王阳明在写给顾东桥的一封信里说得很明白。朱熹所谓的格物，就是指在事物中穷究事物的天理。即物穷理，是从各种事物中寻求其原本的天理。这是用我的心到各种事物中去求理，如此就把心与理分开为二了。在事物中求理，好比在父母那里求孝的理。在父母那里求孝的理，那么，孝的理究竟是在我的心中，还是在父母的身上呢？如果真在父母身上，那么，父母去世后，孝的理在我心中不就消失了？看见孩子落在井中，必有恻隐的理。这个理到底是在孩子身上，还是在我内心的良知上呢？或许不能跟着孩子跳入井中，或许可以伸手来援救，这都是所说的理。这个理到底是在孩子身上，还是处于我内心的良知呢？从这些例子里可以看出，各种事物的理都是这样。这就明白了，为什么把心与理一分为二是错误的。这是王阳明和朱熹有分歧的一个点。王阳明认为像孝顺啊，恻隐啊，都是我们内心原本具有的东西，而不是从外在事物上生发的。

第二个是学习层面的。既然心即理，既然良知是我们已有的一直在那里的东西，那么，在王阳明看来，我们首先应该在自己内心下功夫，找到天理，找到良知，然后再去学习，就能够真正学到东西。所以，他说："专注在涵养内心上用功，每天能发现自己的不足；专注在知识见闻上用功，每天都会觉得自己懂得越来越多。每天能看见自己有所不足的人，就能懂得越来越多；每天觉得自己懂得越来越多的人，就会越来越有所不足。"这句话在今天这样一个信息泛滥的时代，对于我们真的是一种警醒，每天看各种乱七八糟的微信啊，小视频啊，还有无处不在的广告信息，好像知道很多东西，但好像人越来越萎靡不振了。

第三个是方法层面的。心里有我们的本性，本性只有一个，不管是什么人，都有这样的本性。而只要回到了这个本性，就是圣人。圣人其实是回到本性的人。所以，圣人就在我们自己心中。

只要我们让本性显现，圣人就出现了。那么，怎么样让本性显现呢？王阳明的学生陆澄说："如果知道至善就是我们的本性，天性都在我们心中，我们的心就是至善存留的地方。那么，我们就不会像从前那样急着向外求取，心志也就安定了。心志安定了，就不会受到干扰，就安静了。安静了而不妄动就是安宁；安宁了，就能专心致志在至善处。"

第四个是运用层面。任何时候不要去管别人，而是专心做自己的事。王阳明多次举到一个例子，就是舜的弟弟叫象，象屡次想害死舜，但舜还是照样疼他。王阳明说："舜之所以能感化象的傲慢，最主要的就是舜不去看象的不是。如果舜坚决要去纠正象的奸恶，只会看到象的不是，而象又是一个傲慢的人，肯定不会认错，舜又岂能感化他？"

如果从这四个层面去理解王阳明的向内求，去理解他那句"圣人之道，吾性自足"，就会明白王阳明讲的意思是什么。明白了王阳明的意思，我们也许能够悟到一些微妙的东西。

09　你不看时，这花和你的心一样寂静

心外无物，所以，人要向自己的内心去求，而不是向外求。那么，问题来了。心外怎么会无物呢？有一次，王阳明和几个朋友游览南镇，一位朋友指着山岩中的花树问："先生认为天下没有心外之物，但像这株花树，它在深山中自开自落，和我的心又有什么关系呢？"

这个人问的问题，也是我们一般人很容易产生的困惑。当我们听王阳明说心外无物，要向内求，不要向外求，很快的反应是：这不是唯心主义吗？在心和物的关系上，一个基本的认知是，要么是唯物，要么是唯心。唯物的人会认为，花不依赖人的意识而存在，是一种很实在很客观的存在，不管人有没有看到它，甚至不管人类存在不存在，它都在那里。唯心的人会认为，花是依赖人的意识而存在的，离开了人的意识，花是不存在的，只有意识意义上的花，并没有客观的花。王阳明讲心外无物，好像属于唯心主义，但王阳明对那个朋友提问的回答，却表现出和唯心主义有很深刻的区别。

王阳明是怎么回答的呢？是这样回答的："你没有看到这花的时候，这花和你的心同样寂静。你来欣赏花时，这花的颜色就显现出来。由此可知，这花不在你的心外。"

这个回答肯定不是唯物的，因为在王阳明看来，任何情况下，心都在发生主要的作用。看到花的时候，因为心而显示出颜色；没有看到花的时候，因为心而显现寂静。但是，这个回答也不是唯心的，如果是唯心的，就会说，离开了心的意识，花不会在深山里自开自落。所谓自开自落，也还是人的主观意识的投射。王阳明的回答是，你没有看到花的时候，这个花和你同归于寂静。细细推敲，本来他那位朋友问的问题是：当你没有看到花的时候，花到底存在还是不存在？王阳明说没有看到的时候，是寂静。寂静是什么呢？王阳明用"寂静"这个词回避了存在还是不存在这个问题。寂静是不是存在？当然是存在，但又好像不是我们一般理解的那种存在。所以，王阳明等于在回答，既存在，又不存在。

往深里看，王阳明回答的思路，跳出了我们一般的经验套路，就是觉得心和物是两个不同的东西。要么偏重于心，要么偏重于物。王阳明其实是把心和物看成了同一个东西。心，是包含了物的心，物是包含了心的物。相互依存，是一种联系。

回到花的问题。一般人会觉得，花自己在深山里自开自落，是独立于心的存在，是一个客体。这是最容易理解的。唯心也是比较容易理解的。但王阳明说："你没有看到花的时候，这花和你的心同样寂静。"当花没有和心相遇时，只是寂静，不能说它存在，也不能说它不存在。这是更深刻的认知。

我们很难理解这种寂静，既不是不存在，也不是存在，因为长期以来我们习惯于二元论的思维：主观、客观，心、身，明、暗，等等。这些二元对立确实是我们看得到的，但在背后，其实是一元的，更确切地说，是一种相互联系的状态。存在的任何东西不可能是独立的，都是因着相互联系而存在。以花为例，我们见到一朵花，心情很愉快，这样一个景象是由一种联系共同完成的。泛泛而言，这个景象的完成，或者说，花的存在，除了花朵之外，还需要眼睛、意识，这三者缺一不可。当我们没有见到它，也就是它寂静的时候，我们不能说它存在，也不能说它不存在。

既存在，又不存在，回避了唯物还是唯心的问题，但提供了另外一个思路。这个思路不想在扯不清的问题上纠缠，而是回到事物本身。这也是现象学哲学的一个思路。哲学家阿隆刚刚迷上现象学的时候，有一次和萨特、波伏娃在"煤气灯"咖啡馆瞎聊。聊哲学，聊人生的意义。阿隆突然对萨特说：其实，探究来探究去，我们把时间浪费在了扯不清的问题上，而忘了最重要的问题，就是存在（being）的问题。存在的问题是什么呢？是回到事物本身。怎么样才是回到事物本身呢？比如，此刻，我们没有必要去谈那些很高大上但没有什么用的东西，我们不如谈谈眼前这杯鸡尾酒，谈谈这杯鸡尾酒对我自己有什么意义，所有的哲学，其实都在我们眼前这杯鸡尾酒里。四十年后，萨特谈到当时听阿隆讲鸡尾酒："我好像当头挨了一棒。"

　　回到王阳明。他的寂静，存在又不存在。其实也是避开了扯不清的问题，回到当下的事物本身。这是注重生活实践的一个思路。也是我们经常说的"活在当下"背后的哲学基础。如果我们非要在心和物两者之间找到一个谁决定谁的答案，实际的结果是我们在寻找答案之中浪费时间。因为不可能有一个绝对的答案。王阳明用心就是物、心和物是一体的这样的认知，解决了这个唯物还是唯心的争论。把这个非要找到答案的问题，转化成了开放式的思考。这个开放式的思路，会改变生活中的纠结、钻牛角尖，让我们变得不执着于一端，懂得平衡，随缘但又努力精进，产生的是一种活在当下的生活状态。

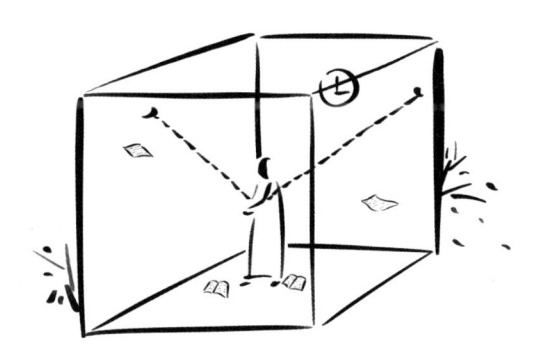

10 和天地一体，回到整体性中

有一个人问王阳明："人心与物同为一体。例如，我的身体原本就是血气畅通的，所以称同为一体。但我和别人，就是异体了，与禽兽草木就差得更远了。那为什么还要说我和别人、和禽兽草木都是同为一体呢？"

王阳明回答说："如果你从感应的征兆上去观察，那么，岂止禽兽草木，即便天地，也是与你同体的，鬼神也是与你同体的。"王阳明这样回答，等于没有回答。那个人还是很疑惑，再次问王阳明。王阳明就说："你看看在这个天地的中间，什么东西是天地的心？"那人回答："听说人是天地的心。"王阳明说："人又把什么东西称为心？"那人回答："只是一个灵明。"

王阳明说："由此可知，充盈天地之间的，只有这个灵明。人只是因为形体，把自己与其他一切隔离开了。我的灵明就是天地鬼神的主宰。天，如果没有我的灵明，谁去仰望它的高大？地，如果没有我的灵明，谁去俯视它的深厚？鬼神，如果没有我的灵明，谁去分辨它的吉凶福祸？天地鬼神万物，如果离开了我的灵明，也就不存在天地鬼神万物了。我的灵明，如果离开了天地鬼神万物，也就不存在我的灵明了。这些，都是一气贯通的，哪能把它们隔离开来？"

这个回答，有点玄乎，但好像可以领悟到一点什么。王阳明讲心和物是一体，讲的是在我们的存在里，如果我们把心和物分开来，就会陷入很多扯不清的问题，但如果把心和物看作一体，就可以回到事物本身，不去增加什么，也不去减少什么，我们的个体和外在的事物就能和谐地相处，成为一个相互联系的整体。所以，心就是物。这个推理不是真理的探究，而是实用理性的一个判断。如果心就是物，那么，我们和外在的紧张就会消除。我们和外在的一切就在一个整体当中。外在的事物就不会成为我们的对立面，而是我们自己的一部分。所以，心就是物。

但人的存在需要意义，需要理由，需要自然法则，这个意义，这个理由，这个自然法则，我们按照一般的经验，也很容易认定为有一个外在于我们的神，或上帝，主宰着意义、理由和法则。现代科学认为有一个外在于我们的自然法则，需要我们去探寻。但王阳明在心就是物的基础上，进一步推论说，心就是理，心就是天理。我们的存在需要的真理、意义、理由、法则等等，不在其他的神或上帝那里，也不在自然当中，而是就在我们的心里。在这个回答里，王阳明用了"灵明"这样一个有点玄乎的概念，来表达心就是理。灵明有点像奇妙的直觉、灵感，也有点像前面提到过的无限的潜能。

为什么人有这样的灵明？因为人是天地的心。人是天地的心，把天和地连接了起来。天地不是外在于我们的另一个存在，而是我们的一部分。只不过因为我们的躯体，把我们和天地宇宙隔离开来了，以为是不同的世界。但实际上，天地万物的运营，靠的是什么呢？是我的灵明。

人的灵明，是一切的主宰，而人的灵明，是由天地鬼神和我相互依存而产生的，是一个不可以割裂的整体。也就是说，这个灵明，既不是主观的，也不是客观的；既包含了主观，也包含了客观。后来，王阳明直接用"良知"这个概念来代替"灵明"。心即是理。这个理就是良知，良知就是天地鬼神，就是宇宙法则。但这个宇宙法则，不是孤立的另一种东西，而是我们的心体。

心外无物，心外无理，背后的哲学基础是心物一体，心和理一体。王阳明用良知这个概念把这一套复杂的理论变成很简单的行动哲学。当王阳明说心外无物，说心即天理，就是良知，我们要致良知，他的意思是我们要回到那个相互联系的整体性中。

爱因斯坦说："在我们称为宇宙的整体中，一个人只是一部分，囿于有限的时间和空间。人将自己、自己的思想与感觉体验为独立于其他一切的东西——一种意识上的错觉。这种错觉对我们来说是一种牢笼，将我们局限在个人欲望和对少数亲近之人的情感之中。我们的任务是扩大自己理解和同情的圈子，将所有生物和整个美丽的大自然囊括在内，从而逃脱这一牢笼。"

爱因斯坦的话很清晰地点出了一个真相，就是如果我们把心和物看成独立的个体，把我们自己看成独立的个体，那么，我们就是把自己关在了一个牢笼里。只有打开我们的心扉，我们的生命才能生机勃勃。

11　去看眼睛看不到的那一面

有一次,王阳明的一位朋友向王阳明请教如何理解一个禅宗公案。公案是这样的,一位禅师伸出手指问:"你们看见了没有?"大家都说:"看见了。"禅师又把手指插入袖中,又问:"你们还能看见吗?"大家都说:"看不见。"禅师于是说众人还未见性。这位朋友不理解禅师的意思。

王阳明解释说:"手指有看得见与看不见时,但是,你能看见的性则永远存在。人的心神只在能见、能闻上驰骋,而不在不见、不闻上切实用功。然而,不见不闻是良知的本体,戒慎恐惧是致良知的工夫。学习的人应当时时去看他看不见、听他听不到的本体,工夫才有一个落实的地方。时间一长,当工夫纯熟后,就不用费力了,不用提防检点,人的真性也就自然生生不息了,又哪能为外在的见闻所负累呢?"

王阳明这一段话点出了心最重要的一个作用，心能够让我们看到眼睛看不见的东西。眼睛看见的是现象，看不见的是本质。王阳明在龙场去庐陵的路上，经过龙兴寺，在那里讲学，有人问他如何解决好色的问题。王阳明说，看见一个女人很美，产生欲望，这个时候你应该想到：这个女人虽然很美，将来也会衰老，衰老之后牙齿掉了，脸上是皱纹，我还会爱恋她吗？甚至可以进一步思考：这个女人死后，就是一堆白骨，腐烂的肉体，再过一段时间，就会变成灰尘，我还会爱恋她吗？王阳明认为，如果你养成这样一个思考习惯，就总是用心去看眼睛看不到的，久而久之，就不会被美女迷惑了。

这是透过现象看本质，换一种说法，就是从各种变化的现象里看到不变的本体。王阳明认为人应该常快乐，喜乐才是心的本体。有人对于这个说法有质疑："当碰到重大变故而痛哭时，不知这个乐还是否存在？"

王阳明解释说："唯有痛哭之后才能乐，不哭就不会乐了。虽然痛哭，此心却得到了安慰，因而也就是乐。心的本体并没有因为痛哭而有所改变。"所以，心本体还是喜乐。更深一步，心的本体，是寂静，是不动，是超越了善恶的无善无恶。但这个本体不是一个外部的东西，需要去寻找，而是一直就在你内部的东西，你只要去发现，去回归就可以了。

王阳明有一次分析告子和孟子的微妙区别。告子和孟子都提倡不动心。就是心应当安静下来。但告子仅仅在不动心上下功夫，而孟子则，接从心的本来不动处下功夫。心的本体本来就是不动的。只不过你的言行不合宜，所以，心才会动。所以，你只要一心去集义，就是让自己的言行合宜就可以了。告子刻意要去追求心不动，反而被这个不动心所扰乱。

王阳明这里分析的告子和孟子的区别，其实也是他自己和朱熹的区别。朱熹讲究格物，从事物上去探究天理，而王阳明认为先应该回到心的本体，再去格物。不是从外在的事物上去找天理，而是让自己内心的天理、良知浮现出来。

王阳明心学的心灵法则，表面看是面对外在世界的时候，保持积极的心态，以自己的心境去改变现实；深层看，是一个回归本体的过程。在回归之中，慢慢让自己的人生变得可控，慢慢让自己与天地合一，与天理合一，让自己的良知运行着自己的生命，一切都出神入化，自在无碍。可以简约地归纳为三点：

第一，任何时候，我们应该回归内心，回归内心的过程，是一个调御情绪的过程，让自己变得中和。

第二，任何时候，我们应该回归内心，回归内心的过程，是一个平衡自我和环境的过程，让人生变得可控。

第三，任何时候，我们应该回归内心，回归内心的过程，是一个摆脱幻觉的过程，让生命回归本体。

12　从混乱的现实里理出头绪

正德五年（1510）三月，王阳明到了庐陵县。他面对的是一个烂摊子。老百姓很贫穷，盗贼很多，还有一个现象，就是老百姓喜欢诉讼，打官司，这个打官司不是我们现在理解的司法意义上的打官司，有点像闹事。即使在今天，在法制不健全的一些农村，我们还能看到，家庭纠纷、邻里纠纷，和政府之间的纠纷，往往以闹的形式解决。庐陵的老百姓甚至在农忙的时候，停下手里的农活，纷纷到衙门打官司，闹事。

怎么办呢？首先要找出原因，尤其是找出真正的原因是什么。老百姓为什么那么喜欢闹事，为什么盗贼那么多，为什么那么贫困。泛泛而论，当然是人心坏了，但人心为什么会坏呢？王阳明分析了庐陵的社会状况，找到了一个起因。就是在大约三年前，朝廷颁布了一个政策，凡是生产葛布的县，必须每年要交出多少葛布，而那些不生产葛布的县，则要上交赋税，用来帮朝廷采购葛布。庐陵县不生产葛布，所以，必须要交税。这个成了庐陵县老百姓的一个重担。加上一些朝廷的规定到了县里，又层层加码，县官为了自己的好处，也借这个机会增加苛捐杂税，一些官员暗中还用官府的名义去征税，钱进了自己的腰包。由此造成了一个贫穷混乱的环境。

但要改变朝廷的政策，肃清官员的腐败，不是一下子就能做到的事情。所以，王阳明分了两步走。第一步，是马上采取强硬的措施，阻止打官司闹事，他发布了一个命令，不是急迫而重大的事情，县衙门不接受诉讼。打官司的文字也不得超过两行，每一行不超过三十字。但不是不管老百姓之间的纷争，而是在各个基层选出德高望重的人，来主持协调。为了制止盗贼，他采用了保甲制，在城镇以十户人家为一甲，在乡村以一村自保。用现在的眼光看，王阳明除了运用法律和教育，比较有创新的地方是，采用了自治的方法，激发老百姓的良知，自己管理自己。

第二步，他开始整顿吏治，用我们现在的话说，就是反腐败。有一个细节值得一提，宋朝太宗要求官员清廉，在每一个衙门前竖立一块碑，上面写着：尔俸尔禄，民膏民脂，下民易虐，上天难欺。一直延续到明朝。但庐陵县衙前这块碑非常破败，被弃置在角落里，王阳明恢复了这块碑。

第三步，解决苛捐杂税，这个是从根子上解决百姓的贫困问题，以及由于贫困引发的各种社会问题。

王阳明用了很短的时间，就把庐陵县的社会秩序恢复了。这是他第一次完整地管理一个地方,也是他龙场悟道之后的第一次政治实践。一些修行的人很喜欢讲"觉知"这个词,但往往停留在闭关、打坐、禅修等状态,一到实际的生活里,好像觉知就消失了。那不是真正的觉知。真正的觉知是像王阳明那样,可以在山洞里打坐悟道,可以在书院讲解经典,更可以在现实里解决切实的问题。

所以,真正的觉知,是在复杂的生活里理出头绪,找到解决问题的方法。就像王阳明到了庐陵,遇到的是一个大问题,怎么去解决?这个就是觉知的能力。

我们大多数人当不了县长,但我们大多数人有家庭,有单位,所以,也会遇到各种困境,好像陷在了一个泥潭里,不知道怎么解决。我们可以思考一下,如果自己面临家庭的问题,或者单位的问题,而且是系统性的问题,应该怎么去观察呢?试着用王阳明治理庐陵的方法去分析自己现实中的困境。学会观察,学会找到突破点。现实中千头万绪,有时候就像罗网,困住了我们,但是,只要我们保持安静,不忘本体,凭借我们的觉知力,总是可以找到头绪,一步一步摆脱罗网,走上自己的道路。

叁 纯粹法则

圣人之所以为圣，只是其心纯乎天理而无人欲之杂；犹精金之所以为精，但以其成色足而无铜铅之杂也。

——《传习录·薛侃录》

01 做人就是一个做减法、除杂草的过程

王阳明心学的一个基本法则就是种子法则,王阳明翻来覆去讲的,是种子,后来叫良知。在王阳明看来,每一个人想真正成为一个人,一定要找到自己的种子。用我们现在的话来说,是本原,也可以说是潜能。只有把我们自己最内在的潜能挖掘出来,你才能实现自己的价值。也可以说是做真正的自己。那么,怎么样找到那个本原呢?王阳明说,本性自足,要回到你的内心,从你自己内心去找。这个就是王阳明心学的第二个法则:心灵法则。心灵法则强调的是不要向外求,而是要向内求。所谓向内求的过程,其实是一个调御情绪的过程,要让自己变得中和,是一个平衡自己和环境的过程,是一个摆脱幻觉的过程,让生命回归本体。这是心灵法则。

那么,如何才能回归内心呢?如何才能调御情绪、平衡自己和环境的关系？如何才能摆脱幻觉呢？王阳明提出了心学的第三个法则：纯粹法则。只有让心变得纯粹，我们才能回归内心，也就是说，做人的过程，其实就是一个做减法、除杂草的过程。

再回顾一下王阳明在龙场的经历。王阳明当时向自己提了一个问题：如果孔子在龙场，会怎么样？还专门写了一篇文章《何陋轩记》来思考这个问题。文章里引用孔子的话，一个君子到了蛮荒的地方，可以让这个地方不再蛮荒。意思是君子在蛮荒的地方，还是保持君子的人格。另一个意思是，君子到了蛮荒的地方，会去教化蛮荒的人，会去改善人心。王阳明在龙场，建立了"龙冈书院"，教化当地人。既然"心外无物""心即理""人的心就是天地之心"，那么，人心就是社会的根源。所以，王阳明的心学，一方面是个人的自我修炼，不断成长，另一方面是重视教育，在教育中改变人的心，从而改变社会。

王阳明一生都在讲学，甚至在打仗的间歇，还不忘上课。相比于官员，王阳明可能更愿意自己被人看作"老师"。他一生先后创建了龙冈书院、南宁书院、敷文书院，先后到贵阳书院、濂溪书院、白鹿洞书院、稽山书院讲学。嘉靖七年（1528），王阳明已经五十七岁，而且重病，仍然去广西平叛，在繁重的公务之下，仍然创立了南宁书院和敷文书院，可见他对教育的重视。

而他为龙冈书院学生写的《教条示龙场诸生》，最能体现他的教育理念，贯穿了他的心学原则。这篇短文分为立志、勤学、改过、责善四个小段。

· 立志

　　志向不能立定，天下便没有可以做成功的事情。就算是各种工匠，也是以立志为根本的。现在的读书人，旷废学业，堕落懒散，贪玩而荒废时日，因此百事无成，这都是由于没有立定志向。立志做圣人，就可以成为圣人了；立志做贤人，就可成为贤人了。志向没有立定，就好像没有舵木的船，没有衔环的马，随水漂流，任意奔逃，最后又到什么地方为止呢？

　　古人所说："假使做好事，可是父母怪罪他，兄弟怨恨他，族人乡亲轻视厌恶他，如像这样就不去做好事，是可以的。做好事就使父母疼爱他，兄弟喜欢他，族人乡亲尊敬信服他，那么，为什么不做好事，为什么不做君子呢？假使做了坏事，但父母因此而疼爱他，兄弟因此而喜欢他，族人乡亲因此而尊敬信服他，那么，就做坏事吧。但是，如果做了坏事，父母因此怪罪他，兄弟因此而怨恨他，族人乡亲因此而轻视厌恶他，那么，何苦要做坏事、做小人呢？"各位同学想到这点，也可以知道为君子应立定志向了。

· 勤学

　　已经立志做一个君子，自然应当从事于学问，凡是求学不能勤奋的人，必定是他的志向还没有坚实的缘故。跟随我求学的人，不要以聪明、智慧、机警、敏捷为高尚，要以勤奋、踏实、谦逊、有礼为上等之选。各位试看你们同学当中，假若有人本来空虚却装作充实，本来没有却装作已有，掩饰自己的无能，忌恨他人的长处，自我炫耀，自以为是，用空话骗人的人，这个人天资禀赋虽然很优异，同学当中有不痛恨厌恶他的吗？有不鄙弃轻视他的吗？他固然可以欺骗人，别人果真就被他欺骗，有不暗中讥笑他的吗？

假如有人谦虚沉默自我持重，觉得自己才华不足，坚定意志努力实行，勤奋求学，喜好请教；称赞别人的长处，并且责备自己的过失；学习别人的长处，并且能明白自己的短处；忠诚信实和乐平易，外表内心一致，即使这个人天资禀赋很愚鲁迟钝，同学当中有不称赞羡慕他的吗？他固然自认为才华不足，并且不求超过他人之上，他人果真就以为他是无能，有不尊敬崇尚他的吗？各位同学明白了这个道理，也可以知道为君子应勤于治学了。

·改过

说到过失，就算是贤人，也不会完全没有，但是不妨碍他最后成为大贤人，因为他能改正啊。所以做人，不是要求没有过失，但要求能够改过。各位同学自己想一想，日常有缺少廉耻忠信的德行吗？有轻视孝顺友爱的道理而陷入狡猾奸诈、苟且、刻薄的习气吗？各位同学恐怕不至于这样。不幸或者有此情形，都是他不能自知而误犯过错，平日没有老师朋友的讲解、学习规则约束的缘故啊。

各位同学试着反省，万一有类似的行为，固然是要极力地悔过；但是也不应当因此自卑，以至于没有了充分改过向善的心，只要能有一天完全除掉旧有的恶习，虽然从前做过强盗贼寇，今天仍不妨碍他成为一个君子啊。如果说我从前已经这样坏，今天虽能改过而向善，别人也将不会相信我，而且也无法补救以前的过失，反而怀抱着羞愧、疑惑、沮丧的心理，而甘愿在污秽沉迷中到死呢，那我也就绝望了。

·责善

所谓"互相责求向善，是朋友相处的道理"；但是必须做到无所谓的"尽心地劝告并且好好地开导他"，尽自己的忠诚爱护的心意，尽量用委婉曲折的态度，使朋友听到它就能够接受，深思出道理后就能够改过，对我有感激却没有恼怒，才是最好的方法啊。如果首先揭发他的过失罪恶，极力地斥责，使他无地容身，他将产生惭愧羞耻或愤怒怨恨的心；虽然想要委屈自己来听从，可是在情势上已经不可能。这等于是激怒他使他做坏事了。

所以凡是当面揭发他人的短处，攻击揭发他人的隐私，用来换取正直的名声的人，都不能和他谈论要求朋友为善的道理。即使这样，我用这种态度对待别人，也是不可以啊；他人用这种态度加在我的身上，凡是攻击我的过失的人，都是我的老师，怎么可以不乐意接受而且内心感激他呢？我对于圣道没有什么心得，我的学问是粗浅的。各位同学跟随我来此求学，我常整夜思量，罪恶还不能免除，何况过失呢？有人说"事奉老师不可以冒犯，也不可以隐讳不说"，因此就说老师没有可以劝谏的地方，这是不对的。劝谏老师的方法，要坦直却不至于恶言冒犯，要用委婉的态度不至于隐讳不说。假使我是对的，因此可以使正确更加彰明，假使我是错的，因此可以使错误得到改正。这就是教者、学者彼此互相规劝而长进的啊。各位同学责求向善，应当从要求我为善开始。

这篇《教条示龙场诸生》很简单，却又不简单，其实是王阳明根据自己的心学，总结出了做人的基本方法。第一是立志，第二是勤学，第三是改过，第四是责善。四种方法体现的是王阳明所说"人须有为己之心，方能克己；能克己，方能成己"，能成己，才能成人。

这颗"为己之心"在哪里呢？王阳明在龙场悟出：圣人之道，吾性自足。就在我们自己心里，我们只要回到自己心里，就可以了。但事实上，并不这么简单。为什么？答案就在这篇教规里。一开篇就讲立志。这是种子法则。立志也可以说是回到内心，找到那个与万物一体的心。这是心灵法则。但王阳明讲了立志之后，并没有讲心，而是讲了善、恶的分别，然后讲了勤学、改过、责善。

这里，王阳明把"心"具体化了。那个与万物一体的心，那个就是天理的心，那个能够不断给予我们能量的心，一直在那里，但为什么我们找不到呢？这篇教规里，王阳明的回答是因为"恶"。因为我们的心装满了"恶"，所以，我们看不到那颗真正的心。因此，王阳明在教规中，第一，要求学生立志，立志的同时分清善恶，做一个君子，做一个善良的人；第二，通过勤学、改过、责善等手段，去除心中的恶，培植心中的善，最后达到澄明的境界，心就成为我们自己的心，成为与宇宙一体的心。

这篇教规引出了王阳明心学的第三条法则：纯粹法则。

所谓心学，就是修心，让心变得越来越纯粹。做人，就是让自己的心变得越来越纯粹。做人的过程，是一个不断做减法，不断让生命变得纯粹的过程。

年轻的时候常常以为，生命是量的叠加，总想着去增加什么。但有了一定阅历，就会领悟到，生命是质的纯化。美好的人生，都很简单，要学会做减法。

02 让心成为一面明镜

王阳明和一个朋友讨论学习的问题。王阳明一开始说：学贵专。那个朋友说确实如此，他小时候喜欢下棋，很专注，打遍天下无敌手。但王阳明接着说，学贵精。那个朋友又说，确实如此，他稍长之后喜欢文学，刚开始喜欢的很多，最终归于汉魏，收获很大。王阳明接着说：学贵正。那个朋友又说，确实如此，他中年之后喜欢圣贤之道，对于年轻时候的下棋和文学，都不大以为然，因为人的心装不下那么多东西，有圣贤之道就可以了。王阳明接着说：是的，学习下棋叫作学，学习诗词文章叫作学，学习道也叫作学；但学道和前面的学习，有很大的不同，道，就是大路，若不走大路，专走荆棘丛生的小路，就很难走得通。所以，专注于道，才是真正的专注；精通于道，才是真正的精通；假如专注于下棋但不专注于道，那么这种专注其实是一种上瘾；如果精通文学而不精通道，那么这种精通其实会流于怪异。

然后，王阳明说了一段有点玄妙的话："夫道广矣大矣，文词技能于是乎出；而以文词技能为者，去道远矣。是故非专则不能以精，非精则不能以明，非明则不能以诚。故曰：惟精惟一。精，精也；专，一也。精则明矣，明则诚矣。是故明，精之为也，诚，一之基也。一，天下之大本也。精，天下之大用也。知天地之化育，而况于文词技能之末乎？"

这一段话里，包含了三个意思。第一，人只要专注于一件事，就能把这件事情做好，所以，一定要专注。第二，仅仅专注于一件事、精通一件事，还不是真正的专和精，真正的专和精，是专注于和精通于方法论和本原，所以，这个精不完全是精通，还有精粹的意思。第三，我们做事要找到种子，要从内心找到种子，这个种子，就是一，就是天下的本体。怎么能够回到本体？要靠诚，就是内心符合天理，不欺骗自己。如何诚呢？要靠明，明白，洞察。如何明呢？要靠精，精粹。如何精呢？要靠专一。

这里面有一个很关键的环节，就是精。精了以后就能明。这个环节，王阳明在其他地方用了镜子来做比喻，就是我们必须要越来越纯粹、越来越精确，就像镜子一样，只有把镜子上的尘埃全部去掉，才能照见一切。我想再重复一下王阳明的意思。我们做什么事，其实并不是关键，关键是找到种子，去哪里找种子呢？回到内心。怎么样才能回到内心？要靠精，就是要让心变得越来越纯粹。当心纯粹了，那个真正的我出现了，大道也就浮现了。这个就是王阳明心学的第三个法则，纯粹法则。

王阳明在很多地方把心比作镜子。有一次他说:"圣人的心犹如明镜,只是一个'明'字,随时感应,遇物而照。过去所照之物在镜中已不复存在,未照到的形象不可能预先出现在镜中。后世所讲的,却是如此,因而完全违背了圣人之学。周公制订礼仪制度,让天下变得文明,都是圣人所能做到的,为什么尧、舜不全部做了,而非要等到周公来做呢?孔子修订六经,以教育万世,也是圣人所能做到的,为什么周公不先全部做了,而非要等到孔子来做呢?由此可见,圣人遇到什么样的时机,才会做什么样的事情。只怕镜子不够明亮,不怕物来了不能照。研究事物的变化,如同照镜子。但是,学习的人必须有一个'明'的功夫。对于学习的人来说,只担心自己的心还没有明白透彻,不害怕事物的变化无穷无尽。"

这段话王阳明说出了一个重要看法,就是为什么要把心比作明镜,是因为心不应该被各种观点、情绪等束缚,而是应该随时照见事物的本质,随机应变。

有一次他写信给朋友说:"圣人之心如明镜,纤翳自无所容,自不消磨刮。若常人之心,如斑垢驳蚀之镜,须痛刮磨一番,尽去驳蚀,然后纤尘即见,才拂便去,亦不消费力,到此已是识得仁体矣。"

后来,王阳明的学生徐爱总结道:心就像镜子,圣人的心好像明镜,而常人的心好像昏镜。徐爱又比较朱熹和王阳明,认为朱熹的格物理论教人用镜子映照外界的事物,在"照"上下功夫,而王阳明的心学让人在镜子上下功夫,首先要让镜子明亮。

关于镜子，禅宗里有两首偈。一首是神秀的："身是菩提树，心如明镜台。时时勤拂拭，莫使惹尘埃。"一首是六祖惠能的："菩提本无树，明镜亦非台。本来无一物，何处惹尘埃。"神秀的意思是，心应该像镜子那样，用来观照，照见真相，但像镜子会惹上灰尘，心也会受到各种污染，所以，修行就要经常去打扫，让心变得清净。清净了，就可以照见万物。污染了，就装满了杂物，什么也看不清，盲目地活着。但惠能认为，如果心像镜子，那么，镜子依附在镜台之类的外物上，就会惹灰尘，就需要打扫，但镜子本身什么都不依附的时候，它的本体就是澄澈的，可以照见一切的。惠能的意思是，假如心像镜子，那么，我们应该从意识上根除灰尘的概念，一下子回到镜子的本体。

王阳明在讲学中，有时候接近神秀，也强调要拂拭镜子上的灰尘；有时候又接近惠能，认为应该一下子就回到本体。但不管怎样，把镜子比喻为心，主要在强调心应该纯粹，纯粹到能够照见本体，就像王阳明有一个朋友总结心学的要点说："鉴照妍蚩，而妍蚩不着于鉴；心应事物，而事物不着于心。自来自去，随应随寂，如鸟过空，空体弗碍。"这个意思和《金刚经》的"应无所住，而生其心"很接近。

每天我们都会睡眠，睡眠之后会醒来，醒来之后都会洗漱，洗漱的时候往往会照镜子，照镜子的时候看到的是自己的脸。但我们不妨也试着拿自己的心当作镜子去照照万事万物，看看会发生什么。

03 心里的尘埃是怎么来的？

有人问王阳明："人都有这颗心，心即理。为什么有人会行善，有人会作恶呢？"王阳明回答："因为恶人的心，失去了心的本性。"这就是说，有一个清净的本心存在，"恶"是因为失去了这个本心。所以，做人的根本，就是要把这个本心找回来。王阳明有时候把这个本心叫作"道心"，没有人为因素的污染，而被人为因素污染的心，叫"人心"。

纯粹法则的核心就是要去掉人心里的"私欲"，让它变得纯洁。用王阳明的话说："吾辈用功，只求日减，不求日增。减得一分人欲，便是复得一分天理，何等轻快脱洒，何等简易！"但什么是人欲呢？什么是我们应该打扫掉的私欲呢？王阳明列出了五种。

第一种是偏于"恶"的私欲。违背了人性的基本原则，伤害别人，违反伦理，也包括平常讲的各种人格上的缺点，比如杀人、偷盗、说谎、虚伪、爱说闲话、嫉妒等等。这些都是"恶"。

第二种是"过度"的欲望,即使这种欲望是善的,但一旦过度,也会成为"人欲"(私欲)。

陆澄暂住在鸿胪寺,突然收到家信一封,说儿子病危,他心里万分忧闷到难以忍受。先生说:"现在正是用功时刻,如果错过这个机会,平时讲学有什么用呢?人就是要在这时候磨炼自己。父亲爱儿子,感情至深,但天理也有个中和处,过分了就是私心。人们在这个时候往往认为按天理就应该烦恼,就去一味忧苦而不能自拔,于是陷入了'有所忧患,不得其正'的境地。一般人七情六欲的表露,过分的多,不够的少,稍有过分,就不再是心的本体,必须要调整适中才可以。比如,父母双亲去世,做儿女的恨不得一下子哭死心里才痛快呢。然而,《孝经》中说:'不能过分悲哀而失去本性。'并非圣人要求世人抑制情感,而是天理本身自有它的分寸界限,不可超越太过。人只要明了了心体,自然就不会增减一分一毫了。"过分了就是私欲。

第三种是只为自己,无益于别人的欲望。比如"养生",在王阳明看来,就是"私欲",一个学生问他养生,他这样回答:"一定要这颗心纯乎天理,没有丝毫的私欲,这才是做圣人的功夫。你所说的私欲灭于东而生于西、引犬入室再驱赶的现象,是被自私自利、可以追求造成的,而不是克治荡除本身的问题。现在你说养生最关键的是清心寡欲,这'养生'二字,就是自私自利、刻意追求的根源。有这个根源隐藏在心中,就会产生你所说的这种情况,就是东边的克除掉了而西边的又生发出来。"

131

另外，佛家的"解脱""涅槃"，道家的"成仙"，王阳明都认为是私欲，应该摒弃。他的理由是："我们儒家修养心性，不会离开世间的事物，只是顺应天理、法则自然，这就是功夫。佛家却要远离世间的事物，将心看成幻相，逐渐陷入虚妄寂静，似乎与世间毫无关系，所以，不能用来治理天下。与世间无关，不能有益于他人的欲望，都是私欲。"当然，站在学术的立场，可以说王阳明的这个看法，是带着儒家的偏见。王阳明晚年讲过一句话："夫道家之长生，释家之解脱，吾儒家皆可得也。"很显然，他受到过道家和佛家的深刻影响，但龙场悟道之后，完全皈依儒家，然后，用了儒家的视角来看道家和佛家，觉得儒家高于这两者。多少有点偏颇。佛家的自利利他，其实也是完全的无私，只是不能用来治理天下而已。

第四种私欲，是"生死之念"，就是看不破死亡这件事，害怕死。这个念头是最不容易去掉的"私欲"。王阳明说："学问的功夫，在一切声色名利嗜好上，都能摆脱殆尽。但仍有一种生死的念头牵挂在心里，就不能和整个本体融合一体。人的生死之念，原本是从生身命根上带来的，不容易去除。如果在这一点上识得破、看得透，那么，这个心的全体就会畅通无阻，才是尽性至命的学问。"

第五种私欲，是任何滞留在心间的念头都是私欲，王阳明对修习的人说："任何念头都不要滞留在心体上，这就好比一点点灰尘都不能吹进眼睛里。一点点能有多少呢？然而，再少的灰尘，都能使人满眼天昏地暗了。"又说："这个念头不仅是指私念，就算是美好的念头也不能有一点。就好像金子本身是很好的东西，但放一些金屑在眼睛里，就会让眼睛睁不开。"

我们内心之所以会有各种尘埃，我们的人生之所以会出现各种问题，根本原因都在于对上面的五种欲望没有觉知，随着欲望在奔波。

04 善念存在时，就是天理

1527年的九月初八，也就是王阳明前去广西平定思恩和田州叛乱之前一晚，两个学生向王阳明请教关于良知的问题，王阳明把他的心学做了一个归纳。这个事情，在思想史上成为一件大事，被称为天泉证道。

王阳明对他的两个学生说："今后和朋友讲学，千万不可抛弃我的宗旨：无善无恶是心之体，有善有恶是意之动，知善知恶是良知，为善去恶是格物。只要根据我的话因人施教，自然不会出问题。这原本是上下贯通的功夫。资质特高的人，世上很难遇到。对本体功夫一悟全透，就是颜回、程颢这样的人也不敢妄自尊大，岂敢随便指望他人？人有受到污染的心，若不教导他在良知上切实用为善除恶的功夫，只去悬空思索一个本体，所有事都不切实加以处理，这只不过是修养成了一个虚空静寂的坏毛病。这个毛病不是小事情，所以，我不能不提前向你们讲清楚。"

无善无恶是心之体，有善有恶是意之动，知善知恶是良知，为善去恶是格物。这是王阳明自己归纳的心学宗旨，也叫四句教。

心的本体是无善无恶的。所以，惠能会说：本来无一物，何处惹尘埃？但意识的发动会带来善恶，所以，神秀会说：时时勤拂拭，莫使惹尘埃。悟性高的人一下子就到了"无善无恶"的境界，一下子就在光明之中，当然就不需要再去擦亮什么。而悟性低的人，还在善恶交织的状态，当然需要去把镜子擦亮。

王阳明有时候会接近神秀，有时候接近惠能，他自己有一个解释："如今，我将要远征，正想给你们来说破这一点。两位的见解，恰好可以互为补充，不可偏执一方。我开导人的技巧，原本有两种。资质特高的人，让他直接从本原上体悟。人心原本是晶莹无滞的，原本是一个未发之中。资质特高的人，只要稍悟本体，也就是功夫了。他人和自我、内和外一切都透彻了。另外一种人，资质较差，心不免受到沾染，本体遭蒙蔽，因此就教导他从意念上实实在在为善除恶，待功夫纯熟后，污秽彻底荡涤，本体也就明净了。汝中的见解，是我用来开导资质特高的人；德洪的见解，是我用来教导资质较差的人使用的方法。两位若互为补充，相互借用，那么，资质居中的人都可被导入坦途。若两位各执一词，在你们面前就会有人不能步入正轨，就不能穷尽道体。"

神秀和惠能的偈，都是我们所需要的。王阳明接近神秀的时候，会说要克己，要去掉私欲；但接近惠能的时候，会说："善念存在时，就是天理。如果此刻的念头是善的，还用去想别的什么善吗？如果此刻的念头不是恶的，还需要去摈除什么恶吗？念头好比树的根芽。立志的人，就是永远确立这个善念罢了。"

如果从立志那一刻就有一个善念，那还有什么私欲需要去清除呢？如果立志那一刻就在本体上，那么，确实像王阳明经常说的，抓住了这一点，你做什么事都可以，做什么都会有所成就。

05　恰如其分就好

王阳明讲的对于心灵造成污染的五种人欲里，第二种叫作过度的私欲。哪怕这种欲望是善的，但过度了就不好。关于适度，可以说是中国人一个重要的做人原则，也是一个很重要的哲学原则。

《论语》里有一段对话，子贡问孔子：师和商这两个人怎么样？孔子回答：师有点过度了，而商又做得不够。子贡就问：那是不是可以说，师比商要好一些？孔子回答：做得过分了，和做得不够是一样的，都很不好。所以，要讲究中和。

什么叫中和？有一句朱熹的话可以再重复一下，夫妻是天理，三妻四妾是人欲；饮食是天理，美食是人欲。需要一个合适的度，是对中和的通俗解释。

王阳明说："诸如愤怒、恐惧、好乐、忧患等情绪，人心中怎会没有呢？只是不应该有罢了。一个人在愤怒时，比较容易感情用事，多了一分意思，就会过于愤怒，就失去了'廓然大公'的本体了。因此，有所愤怒，心就不能保持中正。现在，我们对于愤怒等情绪，只要顺其自然，不要刻意去抑制或放任，心的本体就会'廓然大公'，从而实现本体的中正了。例如，出门看见有人打架，对于错误的一方，我心中很愤怒，但虽然愤怒，我心中廓然，并不动气。对别人有怒气时，也应该这样，这才是中正。"

"古人治理天下，首先把人培养得心平气和，而后才作乐。例如在这里吟诗，你心平气和，听的人自然会感到愉悦满意，这就是元声的起始处。《尚书·尧典》中说'诗言志'，志就是乐的根本；'歌永言'，歌就是作乐的根本；'声依永，律和声'，音律只要与声音和谐一致，声音和谐就是制定音律之根本。所以，怎能到心外去寻找呢？"

和中和紧密相关的概念就是中庸。中庸比中和，更广为人知。我们一般讲儒家推行中庸之道，中庸给人的感觉是平庸，做老好人、投机分子。但事实上，孔子非常不喜欢老好人，他曾经说过，老好人还不如那些狂妄得有点疯疯癫癫的人，因为后者真诚。而真诚是孔子看重的一个人品。

关于中庸的中，其实是中和的中，"喜怒哀乐之未发，谓之中"。这个中，在儒家的理论里，是人的本性。引申开来，意思是不走极端。中庸的庸，不是平庸的意思，而是恒常的意思，也有用的意思，还有平常的意思，"用"可以表现君子因时制宜，在具体的情境中能以机变灵活的方式践履道义；"恒常"可以说明"中庸"这一原则是天下至理,必须加以奉行;"平常"则意味着这种道理只能在现实生活中落实,离开了活生生的现实处境去谈论一个中庸之道是不可能的。

朱熹把中庸很简单地解释为:"中者,不偏不倚,无过不及之名。"《中庸》里说:"君子能够中庸,小人违背中庸。君子所以能够做到中庸,是因为君子随时做到合度适中。小人之所以违背中庸,是因为小人无所顾忌肆意妄为。"

中庸之道虽然是最高的德行,但很久以来人们已经做不到了。为什么做不到呢?孔子说:"中庸之道不能实行的原因,我是知道的,聪明的人自以为是,认识过了头;愚昧的人,智力不及,不能理解它;贤能的人做得过分了,而不贤的人又做不到。就像人们每天吃东西,却很少有人能够品尝出滋味。"

《中庸》里有几段文字讲什么是中庸。讲到大舜,说他喜欢向人请教问题,又善于从人们的平常说话里分析其中的含义,不宣扬别人的恶言恶行,只表彰别人的善言善行。根据过与不及两端的情况,采纳中庸之道来治理百姓,这就是舜具有大智慧的原因。另一段讲子路问孔子什么是强大。孔子认为中道才是真正的强大。

孔子讲自己"七十而从心所欲,不逾矩",应该是中庸境界的一种描述。中庸作为修为品德,很难达到。但我们普通人还是可以运用这种思想,提醒自己在日常生活里,不要走极端,不要过分,凡事要掌握一个度,恰如其分就好。

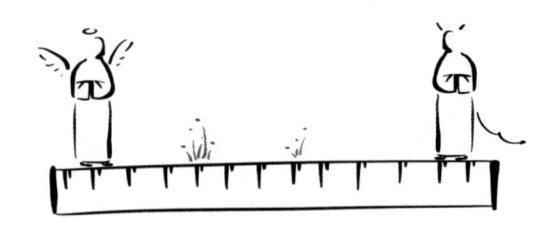

06 为什么要有利他心？

王阳明讲的污染我们心灵的第三种人欲有点奇怪，他说只要是对于别人无益只对自己有益的欲望，比如养生，就是一种污染性的欲望。这里的标准是对别人无益、只对自己有益。王阳明这里所表达的意思，用我们现代语言来说，就是要有利他心。利他心，会让我们的心变得纯洁。说到利他心，很容易被看作是说教。但实际上，一个简单的心理学规律，就是当我们把自己的欲望转化成帮助别人的愿望，焦虑就会消失。比如，在你爱上某一个人的时候，不是想着如何追求她，如何得到她，而是如何让她幸福。这个转化能够让你体验到真正的爱，从而不再有焦虑和痛苦。

心理学和社会学的实验都证明了一个规律，利益他人带来的，一定是真正的快乐，而只为自己带来的，往往是痛苦。得到虽然也能带来幸福，但给予带来的幸福感更为深刻。明白了这一点，获得幸福，就变得很容易。

自私是一种生存本能。但千万不要忘了，利益他人也是一种生存本能。生物学上的"利他"有三种。第一种叫"亲缘利他"，就是血缘关系之间的利他行为。生物进化取决于"基因遗传频率的最大化"，亲缘利他的物种在竞争中可以取得明显的优势，这应该是亲缘利他的生物学基础。亲缘利他是一种普遍的生物界行为。第二种叫"互惠利他"，指的是没有亲缘关系的人或动物之间的利他行为。生物学的基础是互惠，就是说这种利他会带来一定的回报。如果没有回报，这种利他就会终止。第三种利他行为是"纯粹利他"，即不计任何报酬的利他行为，这是一种非常特殊的利他行为。

"亲缘利他"的生物学意义在于繁衍的效率，"互惠利他"的生物学意义在于增加物种的生存机会，"纯粹利他"的生物学意义在于提高整个群体的生存机会，在群体选择的过程中起到了很重要的作用。三种利他行为的本质都是基因的更好延续。这是关于利他的一个生物学解释。这个解释的背后逻辑可以推导出：利他不过是自私的另一种表现。

物理学家，尤其是天体物理学家，也会把利他看作更符合人性的一种品质，因为宇宙是一个整体。爱因斯坦预言，蜜蜂消失了，人类最多活四天。利他最终是利己，为自己积聚了环境的能量。佛学讲的轮回也表达了相似的看法：在成就别人的过程里成就自己。所以，《六祖坛经》里要求信徒发四个宏愿：

众生无边誓愿度,

烦恼无边誓愿断,

法门无边誓愿学,

无上佛道誓愿成。

众生无边誓愿度,讲的是利他心,有无数的众生,就有无边的利他心。这个和《金刚经》里的意思是一样,你想要成佛,首先要去帮助无边的众生成佛。也就是说,你要在成就别人的过程里成就自己。烦恼无边誓愿断,讲了我们个人要追求的不应该是财富等手段性的东西,而应该断除自己的烦恼。只要断除了烦恼,财富之类只是一个附带性的东西,并不是关键。法门无边誓愿学,就是说一个人一辈子都应该在学习之中,佛法是无边的,当然,智慧也是无边的。无上佛道誓愿成,讲的是佛的境界虽然很高深,但还是发誓要达成这样的境界。就是说,我们的志向要远大,境界要开阔。这个四宏愿,应该是佛教的初心。为什么要学佛?就是这四个理由,此外别无其他。

佛教讲究发愿,认为愿力可以把人带向觉悟。怎么发愿呢?就是发四宏愿。我们一般人到寺庙里,去拜佛,常常求佛保佑自己发财,保佑自己变得更漂亮。事实上,如果你真对于佛有所信仰,那么,我们在佛像前,应该发愿,应该发四宏愿。核心是利他心。佛陀当年成佛,发愿要让众生离苦得乐,后来的菩萨发愿:我不入地狱,谁入地狱?

我们一般人困在自己的欲望里,总想满足自己的欲望,结果人生的路越走越窄。日本企业家稻盛和夫刚刚创业的时候，是为了用自己的技术获得财富，但一开始就不太顺利。有一次年轻的员工集体辞职，稻盛和夫不太理解，就和他们聊了很久，经过几周，稻盛和夫想通了："如果为了追寻作为技术员的浪漫理想而展开经营的话，即使成功了，也不过是牺牲员工带来的虚假繁荣。但是，公司必须有着更重要的使命。经营公司最根本的目的就是，必须保障员工及其家人的生活，以公司员工的幸福为目标。"想明白这些后，他就豁然开朗，提出了这样的经营理念：追求员工物质和精神两方面的幸福。后来又加上了"为人类社会的进步发展作出贡献"。

关于利他心，爱因斯坦说过一句话，我特别喜欢，他是这样说的："把自己的思想和感觉，当成与宇宙其他部分无关的独立经验，这是对自己心识的一种光学错觉。这种错觉是一座监狱，把我们限制在个人的欲望和身边几个人的感情上。我们的工作是要扩大我们的慈悲心，去涵盖一切的生物和整体自然的美，把自己从这个监狱释放出来。"

07　放下生死之念

如何面对选择困难症？如何解决纠结？

第一种办法最为简单，就是扔硬币，听天由命。再坏的行动，也好过在纠结中焦虑。一方面不喜欢现状，另一方面又没有勇气离开现在的环境，这样很折磨人，消耗人的元气。实在想不明白，就扔硬币，由上天决定。关键是扔了硬币后要一心去行动。如果硬币决定我不辞职，那我就在现在的岗位好好工作，在不喜欢中找到自己喜欢的空间。如果硬币决定我要辞职，那毫不犹豫就去辞职。关上一扇门，总有另外的门会打开。不用害怕。

第二种方法是凭直觉，也很简单。直觉自己不应该在这个单位，马上走人，去做自己喜欢做的事。人总是能够在做自己喜欢做的事情里，找到自己真正的道路。

第三种方法是关键事物排序，简单，但又不简单。可以以一生为时间单位，想想这一生最重要的事情是什么，然后分解到每一年、每个月、每个星期。其实是给自己做一个人生规划，这个方法的前提是对于自己的认识很清晰，知道自己想做什么，知道自己能够做什么。但这个方法非常有用，它会让一生都很淡定。

但是，仅仅靠方法还是不够的，还应该了解选择困难症的深层原因。之所以产生选择困难症，一定是能够选择的东西都各有优点，都不愿意放弃。比如，买东西的时候纠结，要么是因为眼前的两件东西各有利弊，要么是担心其他店里还有更好的。再比如，谈恋爱的时候，在两个男孩子或两个女孩子之间纠结，是因为两个都没有足够好到让你全心去爱，两个的优点都不想放弃。

想要真正解决选择困难症，一定要去掉贪心。一定要有一个认知，人的一生，很难两全其美，只能是权衡取舍。你得到了这一个，就会失去那一个。所以，我们只能权衡之后，选择对我来说，最重要的，或者最合适的那一个。

然而，我怎么知道哪一个对我最重要？

王阳明讲到我们内心的尘埃，其中有一个叫"生死之念"。就是一般人害怕死亡，不敢面对死亡，生活在幻相里，不能真正去过有意义的生活。所以，王阳明说："学问的功夫，在一切声色名利嗜好上，都能摆脱殆尽。但仍有一种生死的念头牵挂在心里，就不能和整个本体融合一体。人的生死之念，原本是从生身命根上带来的，不容易去除。如果在这一点上识得破、看得透，那么，这个心的全体就会畅通无阻，才是尽性至命的学问。"

王阳明这段话里，讲了一个重要的意思，就是当我们不敢面对死亡、害怕死亡的时候，我们就停留在作为个体的自己身上，不能够把自己融入到一个整体当中。所以，王阳明认为对于死亡的恐惧，阻碍我们挖掘我们内心的良知。所以，一定要去除生死之念。

王阳明在龙场的时候，为了练习对于死亡的觉知，专门到棺材边去睡觉。释迦牟尼佛当年在思考死亡的时候，也是夜半到坟地里去打坐。佛教关于死亡的修行，有三个要点。第一个要点是我一定会死亡。第二个要点是我的死亡随时可能发生，所以，要把每一天当作最后一天。第三个要点是，死亡的时候任何人任何事都帮不了你，你只能靠自己。这三个要点，会把我们带向真正的觉悟，找到自己真正的道路，不会焦虑，也不会有困难选择症。

我们的一生，很短暂，不应该患得患失，不应该犹犹豫豫，不应该把时间浪费在纠结上，而应该干净利落，痛痛快快。

08　心里清净了，想什么做什么都不会越界

内心的声音很多，到底应该听哪一个声音呢？王阳明说：你只要一个劲地做减法，把心上的尘埃打扫干净，你的心清净了，自然会告诉你怎么做。

这个回答你可能会觉得有点虚，但在王阳明看来，很实在，而且是唯一的根本办法。为了更好地理解王阳明这个回答，我们再回顾一下他的心学体系。首先，王阳明认为我们必须要找到本原，找到种子，这是种子法则，任何时候我们都要记得回到自己的种子上。其次，王阳明认为种子或本原，不在别的什么地方，你要回到你的内心去找那颗种子，这是心灵法则。任何时候我们要记得回到内心，因为只有自己的心是可控的。最后，如何才能回到自己真正的内心。不断做减法，把心中的灰尘，也就是私欲全部清除掉，不仅私欲，甚至连任何念头都不滞留在心中。这样你的心会变得纯粹。变得清净，心纯粹了，清净了，它就会告诉你该做什么，这就是纯粹法则。

明白了这个逻辑体系，我们就会理解王阳明为什么会说，你只要一个劲地做减法，清扫掉灰尘，你的心自然会告诉你怎么做。王阳明后来更进一步解释，心清净了，良知就会出现。良知自然知道一切。你的良知就是你内心真正的声音。平定朱宸濠的叛乱之后，他几次对他的学生说，当时的形势非常险恶，一念之差，就会堕入深渊，但是他有惊无险地度过了这场危机，靠什么呢？靠他的良知在指引他。任何时候，他都没有犹豫过。因为他相信自己的良知。所以，按照王阳明的逻辑，当我们的心纯粹到不能再纯粹的时候，一切都会自己浮现，你只要跟着心走就可以了。

因此，王阳明特别强调格物，但对格物的解读和传统的解读不完全一致。传统的解读，把格物看作是从事物上探究规律性的法则，而王阳明却说："格物，就像孟子说的'大人格君心'的'格'，说的是去除人心中的不正之念，从而保全本体的纯正。而意念的目的，也是要去除其中的不正之念，来保全它的纯正，也就是随时随地都在保全天理，也就是穷理（穷尽天理）。'天理'即'明德'（光明正大的德性），'穷理'即'明明德'（弘扬光明正大的德性）。"

格物，是去除人心中的不正之念。一开始，就从心性层面下功夫，这是王阳明心学很特别的一个关键。一开始就很纯正。王阳明告诉学生："要想这颗心纯是天理，没有丝毫的私欲，就要在私欲没有萌生之前加以防范，在私欲萌生时加以扼制。在私欲萌生之前就加以防范，在私欲萌生时加以扼制，正是《中庸》中'戒慎恐惧'、《大学》中'致知格物'的功夫。除此之外，再无其他的功夫。"

在和另一个学生谈话时，又详细解释了如何克服私欲的方法："教别人求学，不可偏执一端。开始学习的时候，往往心猿意马、心神不定，所想的大多是私欲方面的事。因此，应该教他静坐，借以安定思绪。等到一定时间，心意就会渐渐安定下来。这时候假如还一味悬空守静，像槁木死灰一般，就没有什么用了。这时应该教他做省察克治的功夫。省察克治，就没间断的时候了，好比驱除盗贼，要有一个彻底驱除的决心。无事时，将好色、贪财、慕名等私欲统统搜寻出来，一定要将病根拔去，让它永远不再复发，才算痛快。又好比猫逮鼠，眼睛盯着，耳朵听着。稍有杂念萌动，就坚决除掉，不给它喘息的机会。既不让它躲藏，也不让它逃脱，这才是真功夫。如此才能扫尽心中的私欲，达到彻底干净利落的地步，自然能做到端坐拱手了。所谓'何思何虑'，并不是初学时的事，但初学的时候必须思考省察克治的功夫，也就是思诚，只思考一个天理。等到天理完全纯正了，也就是'何思何虑'了。"

"格"掉了私欲，善就会出现，善出现的时候，天理就会出现。"没有了恶念，就是善念，也就是恢复了心的本体。好像阳光被乌云遮挡，当乌云散去后，阳光又会重现。恶念已经消失了，还要另外去生发一个善念，岂不是在阳光下又添一盏明灯？""善念存在时，就是天理。如果此刻的念头是善的，还用去想别的什么善吗？如果此刻的念头不是恶的，还需要去摈除什么恶吗？念头好比树的根芽。立志的人，就是永远确立这个善念罢了。孔子说：'随便想什么做什么都不会逾越规矩'（从心所欲不逾矩），这是志向达到了成熟时候的境界。"

天理出现了，良知也就出现了，王阳明后来只用"良知"这个词，涵盖了他心学的内涵。有一次他对学生说："良知是心的本体，心自然具备良知。看见父母自然知道孝顺，看见兄长自然知道恭敬，看见小孩落井自然有同情之心。这就是良知，不必向外求取。如果良知显露，又没有被私欲迷惑，就是《孟子·尽心上》所谓'充分地生发恻隐之心，而仁慈之心就没有用尽的时候了'。但是，对于平常人而言，不可能完全摒弃私欲的障碍，因此，必须用'致知格物'的功夫，摒除私欲，恢复天理，让本心的良知不再有私欲的障碍，能够发挥无碍，充分地流动开来，这就是'致良知（达到良知）'。达到了良知自然就能意诚了。"

常人总觉得越多越好，但在觉悟的人看来，越少越好，越纯粹越好。越纯粹，我们就越能回归本体，越能让自己的人生变得可控。越纯粹，就越会让自己慢慢与天地合一，与天理合一，让自己的良知运行着自己的生命，一切都出神入化，自在无碍。

09　生命的成长不是量的叠加，而是质的纯化

生命短暂，不应该在一些杂事上浪费过多的时间，应该一心做重要的事情。越纯粹越好，越简单越好，抓住最关键的，一心用功，不要在细枝末节上枉费心机。

做人，不是在数量和形式下功夫，而是要在质量上下功夫。做人，不是比赛谁比谁活得更长久，而是看谁活得更有意义，更有趣味。我们很容易在生命之上不断累加多余的东西。但生命的成长不是一个量的简单累加，而是质的不断纯化。就像王阳明说的，只是纯为天理；就是法国作家薇依说的，唯一的力量就是纯洁、不掺杂质。米开朗琪罗有一个形象的说法："给我一块石头，把多余的部分去掉，就成了美丽和谐的雕塑了。"你只有把多余的部分去掉，才能成就美好的人生。

王阳明用米做比喻，他说米是从稻谷来，怎么样能够让稻谷变得洁白？就是不断打磨，把外壳全部去掉，最后变成精华，就是大米。又用金子做比喻，重要的不是多少重量，而是看它的质地有多纯粹。有一次蔡希渊问："通过学习可以成为圣贤，但是，伯夷、伊尹和孔子相比，在才力上终究有所不足，却同样被称为圣人，为什么呢？"

王阳明说："圣人之所以为圣人，只因他们的心纯为天理而不夹杂丝毫私欲，犹如精金之所以为精金，只因它的成色充足而没有掺杂铜、铅等。人到了纯粹天理的境界才成为圣人，金子到了足够的成色才成为精金。然而，圣人的才力，也有大小之分，有如金的分量有轻重。尧、舜如同万镒重的金，文王、孔子如同九千镒重的金，禹、汤、武王如同七八千镒重的金，伯夷、伊尹如同四五千镒重的金。才力各不相同，但纯为天理的心相同，都可称为圣人。

"这就仿佛金的分量不同，而只要在成色上相同，都可称为精金。把五千镒放入万镒之中，成色是一致的。把伯夷、伊尹和尧、孔子放在一起，他们内心纯是天理是一样的。之所以为精金，在于成色充足，而不在分量的轻重。之所以为圣人，在于合乎天理，而不在才力大小。因此，平常之人只要肯学，使自己的心纯为天理，同样可成为圣人。比如一两精金，和万镒之金对比，分量的确相差很远，但就成色而言，则是毫不逊色。

"'人人都可以成为尧、舜'，根据的正是这一点。我们普通人向圣人学习，不过是去掉私欲而存养天理罢了。好比炼金求成色充足，金的成色相差不大，锻炼的工夫可节省许多，容易成为精金。成色越差,锻炼越难。人的气质有清纯浊杂之分,有平常人之上、平常人之下之别。

"对于道来说,有人生来就知道天下通行的大道,从容安然地实现天下的大道;有些人是靠后天的学习努力,不断地提高自己,最终能悟出有利于自己的行为方式。资质低下的人,必须是别人用一分力,自己用百分力,别人用十分力,自己用千分力,最后所取得的成就是相同的。

"后世的人不理解圣人的根本在于合乎天理,而只努力在知识、才能上力求做圣人,以为圣人无所不知,无所不会,只需把圣人的许多知识才能一一学会就可以了。因此,他们不从天理上下功夫,白白耗费精力,从书本上钻研,从名物上考究,从形式上模仿。这样,知识越渊博而私欲越滋长,才能越高而天理越被遮蔽,正如同看见别人有万镒的精金,不去从成色上锻炼自己的金子,却妄想在分量上赶超别人的万镒,把锡、铅、铜、铁都夹杂进去,分量是增加了,但成色却愈低下,炼到最后,不再有金子了。"

王阳明这一段话,有两个意思。第一,我们衡量一个人,不是看他外在的东西有多少,比如,看他的身高有多高,看他的钱有多少,而是看他的内在有多纯粹。不是以成败来论英雄,而是以人类的道德原则、正义原则来看待所有人。第二,我们个人的成长,不是说学的东西越多越好,而是越精炼越好,越抓住本原越好。

王阳明和道家、佛家一样,信奉少即多。用现在的话来说,就是极简主义。简单到不能再简单,人生反而会达到极致的境界。

少就是多，好像违背一般人的常识：越多越好。但是，房间里面，东西越少，你拥有的空间就越多；欲望越少，就越能掌控自己的生活；消费越少，自由就越多；应酬越少，就越能做自己；艺术作品，留白越多，观看者的想象就越多；在设计领域，越是简单，就越有张力；在信息领域，信息量越少，信息处理量就越多，无效信息越少，有效信息就越多……

10　如何面对别人的流言、中伤

正德四年（1509）底，刘瑾失势，不仅失势，而且在次年丢了性命。王阳明被任命为庐陵知县，离开了龙场。正德四年底到正德十年（1515），王阳明除了做过短暂的庐陵知县，其他时间都在北京或南京担任文官，或闲职。王阳明把精力用在了讲学上。闲暇时也和朋友、学生讨论学问。这一段时间，他的心态好像越来越安静。1515年，他甚至上书皇帝，要求退休，想回到老家过读书讲学的潇洒日子。当年皇帝迷恋藏传佛教，引发朝廷大臣的非议，王阳明写了一篇《谏迎佛疏》，劝解皇帝不要沉迷于佛，而要回到圣人之道。但写好以后，并没有上呈。

这一段时间，他的心学影响越来越大，赞成的、追随的人很多，但反对的、抨击的人更多。从王阳明给聂文蔚的信中，可以看到王阳明所处的环境：

"后世良知的学问不再昌明，天下的人各用自己的私心巧智彼此倾轧。因此人人各有自己的打算，于是，那些偏僻浅陋的见解，阴险诡诈的手段不计其数。一部分人以仁义为招牌，在暗处干着自私自利的事；他们用狡辩来迎合世俗，用虚伪来沽名钓誉，掠他人之美来作为自己的长处，攻击别人的隐私来显示自己的正派。因为怨恨而压倒别人，还要说成是追求正义；阴谋陷害，还要说成是疾恶如仇；妒忌贤能，还自认为是主持公道；恣纵情欲，还自认为是爱憎分明。人与人之间彼此蹂躏，互相迫害，即使是骨肉之亲，互相也不能摒除争强好胜的心思，彼此间隔膜丛生。更何况对于广大的天下，众多的百姓，纷繁的事物，又怎么能把它们看作是与我一体呢？如此，天下动荡不安，战乱频频而没有止境，因而也就见惯而不怪了。

"靠上天的眷顾，我在偶然间发现了良知学说，认为只有致良知才能天下大治。所以，每当想到百姓的困苦，我就十分沉痛，于是，不顾自己才智浅薄，而想用良知来拯救天下的苦难，真是不自量力啊。天下人看到我这样，都来讥讽、诽谤我，说我是丧心病狂的人。哎，这还有什么可顾虑的呢？我正在切肤的疼痛之中，哪有空闲对别人的讥讽斤斤计较呢？"

这一段话，王阳明表达了对于整个明代的社会的失望。整个社会很堕落，自私自利、阴险狡诈，是普遍的社会风气。但是我王阳明自己为了天下大治，不自量力，想用良知来改造天下，天下人却来讥讽我、诽谤我。这些讥讽、诽谤并不能伤害我，我没有空闲去在乎别人。

王阳明的遭遇，其实也是有才华的人普遍的遭遇，即受到嫉恨。如何看待别人不理解自己？如何面对别人的中伤？王阳明还是用了最简单的方法：圣人是否也遇到这样的情况？遇到这样的情况圣人是怎么做的？

黄勉之问："《论语》中有'叔孙武叔毁仲尼'的记载，为什么孔子这样的大圣人也免不了被人毁谤？"

王阳明这样回答："毁谤是从身外来的，即使是圣人也无法避免。人贵在自我修行。如果自己真的是一个圣贤，纵然世人都毁谤他，也不能对他有什么损害。就如同浮云遮日，怎么能损害太阳的光辉呢？如果自己是个外貌恭敬庄重而内心空虚无德的人，纵然没有人说他坏话，他隐藏的恶终有一天还是会暴露无遗。因此，孟子说：'有不虞之誉，有求全之毁。'毁誉来自外界，怎么能躲避？只要保持不懈的自我修养，外来的毁誉算得了什么呢？"

另外的场合，王阳明又说过这样的话："从前孔子在世的时候，有人说他阿谀奉承，有人讥讽他花言巧语，有人诽谤他不是圣贤，有人诋毁他不懂礼节，有人侮辱他是东家的孔丘，有人因妒忌而败坏他的名声，有人憎恨他甚至要他的命。晨门、荷蒉都是当时的贤明之士，也说他是'知其不可而为之者与？''鄙哉！硁硁乎！莫己知也，斯己而已矣'（磬声硁硁的，可鄙呀！它好像在说：没有人知道我呀！没有人知道自己，那就罢休好了）。

"子路虽然对于圣学的理解已经到了升堂的阶段，但还不能完全相信孔子，孔子去见南子，他表示极大的不满，而且认为孔子迂腐。可见，当时不相信孔子的人何止十分之二三而已。但是，孔子依然匆匆前行，仿佛在路上寻找失去的子女，成天四处奔波，坐不暖席，这样做难道是为了别人能了解、相信自己吗？究其原因是他有天地万物一体的仁爱之心，深感病痛紧迫，即使不想管也身不由己。

"因此孔子会感慨：'吾非斯人之徒与而谁与？天下有道，丘不与易也。'（人是不能与飞禽走兽合群共处的，如果不同世上的人群打交道还与谁打交道呢？如果天下太平，我就不会与你们一道来从事改革了）'欲洁其身而乱大伦'（只想洁身自好，却乱了君臣间大的伦理关系）。'果哉！末之难矣！'（坚持到最后是多么困难啊）哎！若非真诚地与天地万物为一体的人，又有谁能理解孔子的心情呢？至于那些远离世俗而没有烦恼的，那些乐天知命的人，自然可以什么情况下都悠然自得，就像日月运行、四时更替那样和谐而生机勃勃。"

在生活中，我们经常会遇到别人的误解，甚至伤害，我们会因此愤愤不平，但一旦想到即使像孔夫子那样的圣人，也会有很多人不理解，甚至还有人要置他于死地，像我们这样的普通人，身上本来就有很多这样或那样的毛病，受到别人的误解、伤害，又算得了什么呢？

11　不用问渔人，沿溪踏花去

正德五年（1510）王阳明回到北京，担任过不同的职位，同时在京城宣扬心学。但这段北京的经历，并不令人愉快，一个是朝廷非常腐败，刘瑾倒下了，又来一个张永，体制不改变，换什么人都一样，这个太监张永还是像刘瑾一样弄权。而当时的皇帝武宗，迷信各种歪门邪道，专门做了一个豹房，企图用纵欲的方法追求长生不老。各种社会矛盾、冲突不断出现，但统治者还是沉浸在太平盛世的幻觉里，每天在宫廷里权斗、享乐，全然不知道外面的现实。王阳明两次写信给父亲，表达了对于武宗的失望，有一封信甚至表达了对明朝未来的绝望。

正德七年（1512），王阳明自己写了一封弹劾自己的上疏，曲折地表达了自己对于朝政的忧心。武宗正好顺水推舟，把王阳明外派到南京。兜兜转转，正德八年（1513）到了滁州，负责马政。

现代人不太容易理解怎么会有一个政府机构管理马匹。但在古代就很正常，因为打仗需要马，日常的交通也需要马。马对于一个国家来说，是一个至关重要的交通工具，需要一个机构来管理。王阳明在滁州的时候，比较空闲，大多数时间花在了讲学上，教学生静坐，几乎每天和学生游玩山水，畅谈心学。

其中有一组《山中示诸生五首》，以诗歌的形式对心学做了阶段性的总结，更呈现了心学的境界：宁静平和、澄澈清净。

第一首：

路绝春山久废寻，野人扶病强登临。
同游仙侣须乘兴，共探花源莫厌深。
鸣鸟游丝俱自得，闲云流水亦何心？
从前却恨牵文句，展转支离叹陆沉。

这首诗写的是游山。大概的意思是，山上的源流隐藏得很深，刻意去寻找却很难找到，当你和大自然融为一体的时候，却自然而然地一下子找到了。一切都是"吾性自足"，一切都在整体里，何必寻章摘句，弄得支离破碎？这首诗很明显地在讲朱陆的异同。宋代理学家朱熹和陆九渊，在如何成圣的方法上，看法不一样，陆九渊认为只要抓住"忠恕之道"，就可以一通百通了，所以，首先一定要弄明白"忠恕之道"。如果不弄明白忠恕之道，那么，再怎么下功夫，再怎么苦读，都没有用。朱熹却强调要博闻强识，就是要在广泛的学习中，不断积累知识，不断领会其中的精神，最后才能成就忠恕之道。王阳明赞成陆九渊，不赞成朱熹，认为朱熹的方法，是一种支离破碎的方法。

关于涵养内心和知识见闻，哪一个先？哪一个后？王阳明有这样一个总结："专注在涵养内心上用功，每天能发现自己的不足；专注在知识见闻上用功，每天都会觉得自己懂得越来越多。每天能看见自己有所不足的，就能懂得越来越多；每天觉得自己懂得越来越多的人，就会越来越有所不足。"

第二首：

滁流亦沂水，童冠得几人？

莫负咏归兴，溪山正暮春。

这首诗化用了《论语》中孔子和学生谈志向的典故。子路、曾晳、冉有、公西华陪（孔子）坐着。孔子说："不要因为我年纪比你们大一点，就不敢讲了。你们平时常说：'没有人了解我呀！'假如有人了解你们，那么你们打算怎么做呢？"

子路不假思索地回答说："一个拥有一千辆兵车的国家，夹在大国之间，加上外国军队的侵犯，接着又遇上饥荒；如果让我治理这个国家，等到三年功夫，就可以使人人勇敢善战，而且还懂得做人的道理。"

孔子听了，微微一笑。

"冉有，你怎么样？"

冉有回答说："一个纵横六七十里或者五六十里的国家，如果让我去治理，等到三年，就可以使老百姓富足起来。至于修明礼乐，那就只有等待贤人君子了。"

"公西华，你怎么样？"

公西华回答说："我不敢说能做什么，但愿意学习做这些宗庙祭祀的工作，或者是诸侯会盟及朝见天子的时候，我愿意穿戴好礼服礼帽做一个小小的司仪。"

"曾皙，你怎么样？"

曾皙弹瑟的声音逐渐稀疏了，接着铿的一声，放下瑟直起身子回答说："我和他们三人的才能不一样。"

孔子说："那有什么关系呢？不过是各自谈谈自己的志向罢了。"

曾皙说："莫春者，春服既成，冠者五六人，童子六七人，浴乎沂，风乎舞雩，咏而归。"大意是，暮春时节，春天的衣服已经穿上了，和几个成年人、几个孩童到沂水里游泳，在舞雩台上吹吹风，一路唱着歌儿回来。

孔子长叹一声说："我赞同曾皙的想法呀！"

子路、冉有、公西华都出去了，曾皙最后走。曾皙问孔子："他们三个人的话怎么样？"

孔子说："也不过是各自谈谈自己的志向罢了！"

曾皙说："您为什么笑仲由呢？"

孔子说："治国要用礼，可是子路的话毫不谦让，所以我笑他。"

"难道冉有讲的不是国家大事吗？"

"怎么见得方圆六七十里或者五六十里的地方就不是国家呢？"

"难道公西华讲的不是诸侯的大事吗？"

"宗庙祭祀，诸侯会盟和朝见天子，不是诸侯的大事又是什么呢？如果公西华只能给诸侯做一个小相，那么谁能做大相呢？"

《论语》里这一段话，在后代引起很多疑惑，主要是不太明白孔子为什么会赞同曾晳。比如，王阳明的学生陆澄就问王阳明："孔门弟子谈论志向，子路、冉求想从政，公西赤想主管礼乐，多多少少还有点实际用处。而曾晳所说的，似乎是玩耍之类的事，却得到孔子的赞许，这是什么意思呢？"

王阳明回答："子路、冉求、公西赤的志向有点凭自己的心愿臆想的成分，有了这种臆想，就会有所偏向，能做到这未必就能做到那。曾晳的志向比较实际，正合《中庸》中所谓'君子只求在现在位置上做自己应该做的事，不愿去做本分以外的事。处在夷狄的位置，就做夷狄的事。身处患难，就做患难时所应该做的事。君子无论在什么地方，都能心安理得、怡然自在'。前三个人是'汝器也'，就是有用之才，而曾晳是'君子不器'型的智慧通达之人。但是前三个人各有卓越才华，不是夸夸其谈的人，所以孔子也赞扬了他们。"

第三首：

桃源在何许？西峰最深处。

不用问渔人，沿溪踏花去。

这首诗翻用陶渊明的《桃花源记》。桃花源在哪儿呢？在西峰最深的地方。怎么能够到哪里呢？不要去问打鱼的人，你自己沿着溪流，踏着花瓣，就可以找到了。不需要问别人，你自己按照自然法则一路走去，就可以了。

第四首：

池上偶然到，红花间白花。
小亭闲可坐，不必问谁家。

偶然到了池塘边，红花间着白花，在小亭子里随意坐一坐，此刻很好，何必去追究是谁家的？

第五首：

溪边坐流水，水流心共闲。
不知山月上，松影落衣斑。

坐在溪流边，水很闲地流动，心在很闲地流动。不知道山里的月亮照耀松树，落下的是谁的身影？

这五首诗，呈现的是心学在日常生活里的一种境界。心无时无刻不在活动，哪怕我们在睡觉的时候，心也还在动。没有必要刻意去做什么，水流心共闲，自然而然，就很好。

肆 行动法则

知是行的主意,行是知的功夫。知是行之始,行是知之成。若会得时,只说一个知,已自有行在;只说一个行,已自有知在。

——《传习录·徐爱录》

01　每时每刻都在发自内心的行动之中

王阳明很喜欢说"只是一件事"。他把纷繁复杂的事情简约化，只是一件事。基本的逻辑是，他把身、心、意、知、物看作是一件事。有人提出疑问：很明显，物在身体之外，怎么能说和身、心、意、知是同一件事呢？王阳明就解释说：耳朵、眼睛、鼻子、嘴巴还有四肢，是身体，如果心不起作用，身体怎么能够听见、能够看到、能够说话，怎么能够动弹？反过来，心想要看见、听见、说话、动弹，没有耳朵、眼睛、鼻子、嘴巴、四肢这些器官，也是不行的。所以，没有心就没有身。没有身也就没有心。身和心是一体的两面。就它的空间感、充实感而言，叫作身；就它的主宰、操控而言，叫作心。心的发动叫作意。意达到了灵明的阶段，叫作知。意所指涉的对象叫作物。

所以，他们实际上是同一件事。意不会悬空，一定会指向某个事物。这是王阳明关于"只是一件事"的一个解释。如果对于佛学有所了解,一下子就会想起"五蕴"的说法,以缘起的法则看待世界万物,而不是把世界万物分成身体和心灵两边。

虽然只是一件事,但说的时候,还得分开来说,这形成了王阳明心学的逻辑体系。在王阳明看来,一个人一生的目标应该是成圣,就是完成一种人格。这是种子法则。王阳明喜欢用"立志"这个词。立志就像种下一颗种子。去哪里种下这颗种子呢?去心里。因为心外无物,心外无理。这就是王阳明讲的心即理。是王阳明心学的本体论。因为心即理,所以,在我们看起来不同的事情,在王阳明眼里,都是一件事。儒家的基本修行方法,王阳明都从心即理这个本体论去解读,都成了一件事。这是心灵原则。

但问题来了,既然心就是理,那么,回到内心,就是回到了理,回到了本原。那为什么很多人回到了内心,还是找不到那个理呢?王阳明的解释是,是因为我们一般人的心被污染了,所以,需要格物。格物,朱熹的解读是,观察研究事物的特性和规律,但王阳明把格物解释为"正心",就是让心端正。让心端正了,才能发现规律。把心比作镜子,镜子上有灰尘,需要不断去清理,弄干净,镜子明亮了,就会照见一切。这个是纯粹原则,是一种功夫论。

怎么样才能纯粹呢?王阳明又提出了一个著名的方法:知行合一。知行合一,很容易理解成理论联系实际。但王阳明的意思比这个更深刻:一是你想的和你做的要高度一致,二是你想的要和天理高度一致,三是你想的一定要转化成行动。

只有知行合一,才能把所有的事情变成一件事。知行合一推崇的是强烈的行动性。也可以说是强烈的实用性,不管什么学说,你去学了,必须学以致用,否则,再好的学说,也毫无意义。

这就是王阳明心学的第四个法则:行动法则。

王阳明心学,如果以学术的角度看,有很多地方不合学理,也有一些地方自相矛盾,但为什么那么多年来,一直影响着中国人的精神。

原因在于,王阳明心学,推崇知行合一,推崇行动性,虽然一些说法并不严谨,但是非常实用,而且打动人心,所以,能够一直鼓舞激励人的精神。

另外还有一个重要原因,王阳明和其他理学家都不一样,他不仅有学说,有讲学,还有事功,有具体的政治业绩。也就是说,王阳明本身做到了他所说的"知行合一"。他的一生,几乎可以说,每时每刻都在发自内心的行动之中。所以,他的心学,他所提倡的知行合一,就具有了鲜活的生命色彩,虽然不严谨,但很真切,有活的气息,所以,才能成为中国人永不磨灭的精神源流。

02　学问的目的是什么？

学问的目的是什么？

如果今天问一个年轻人，他的回答可能是：考博士，做大学老师。

工业革命之后，教育其实是一种生意。学生交学费，学校提供各种课程，并提供进入社会的许可证：毕业文凭。这种现代的教育体制，把知识从僧侣、贵族群体中解放出来，成为全民的学习平台。

但发展到今天，现代教育开始面临越来越僵化的问题。学生为了学习而学习，为了文凭而学习。所以，这些年来，关于教育制度改革的呼吁越来越强烈。教育的目的到底是什么？再次引起很多人的思考。

王阳明提出心学的年代，有一个背景和今天非常相似，就是儒生学习儒家的经典，都是为了考试，为了考中举业，可以做官。这是王阳明心学产生的一个重要背景。

王阳明心学里，知行合一，是王阳明龙场悟道后反复强调的一个理念，至今仍然是王阳明心学的一个标签。但知行合一，不完全是理论联系实际的意思。要理解知行合一，必须要明白在历史上，儒家学说在最初的时候，并不是纯粹的理论，而是非常实际地要解决社会和人生的问题的，是如何做人的指导。但到后来，成了学问，成了科举考试的内容，人们学习儒家学说，不再是为了完善自己的人格，不再是为了解决实际的社会问题，而只是为了谋生，为了通过考试谋得一官半职。

王阳明高举"知行合一"的大旗，其实是想恢复儒家学说的初心。做学问，不只是为了做学问、考科举，而是为了完善自己的人格，成为一个真正的人，为了社会变得更美好。王阳明的知行合一，触及了人类历史上的一个共同问题，就是所有的思想，包括儒家在内的希腊哲学、佛教、基督教等所有的哲学和宗教，初衷都是为了完善人格，解决切实的人生和社会问题，但后来随着教育、文化越来越体制化，这些哲学和宗教都越来越成为学院里、书本里的"学问"，和实际的人生越来越没有关系。

梁启超谈到王阳明"知行合一"，为什么在今天还有意义？特别提到了现代教育的弊端。他说现代学校往往是"智识贩卖所"，"教师是掌柜的，学生是主顾客人。顶好的学生，天天以'吃书'为职业。吃上几年，肚子里的书装得像蛊胀一般，便算毕业。毕业以后，对于社会上实际情形，不知相去几万里，想要把所学见诸实用，恰与宋儒高谈'井田封建'无异，永远只管说不管做"。梁启超认为改变这种教育弊端的不二法门，就是"依着王阳明'知行合一之教'做去"。

　　这是王阳明提倡知行合一真正的意义：把人类的思想遗产从僵化里解放出来，让它们重新焕发新的活力，赋予我们绵绵不绝的力量。这样的努力，可以说是人类不忘初心的努力，是让人回到人类的初心：成为人。这样的努力，也是让一切的知识都应该应用在日常生活，成为一种行动，否则，你学习得再好也没有什么用。这是至今王阳明的心学以及知行合一能够打动人心的一个基本原因。

03　如何理解知和行是同一件事？

王阳明和徐爱的两次谈话，对于"知行合一"有过透彻的解释。

徐爱由于没有领会"知行合一"的教诲，与宗贤和惟贤再三辩论，也没有得出什么结论，于是就向王阳明请教。王阳明就说："举个例子来说说，到底不明白在哪里。"

徐爱说："现在的人都明知有父亲就应该孝顺，有兄长就应该尊敬，但往往不能孝顺、不能尊敬，可见知与行实在是两码事。"

王阳明说："这是被私欲隔断了，不是知与行的本体了。没有知而不行的，知而不行，就是还没有真正明白。圣贤教导我们认知并且践行，正是要恢复知与行的本体，不是很随便地告诉你有认知就可以了。所以，《大学》用'就像喜欢美色和厌恶臭气一样'来启示人们，什么是真正的知与行。

"看见美色是知，喜欢美色是行，在见到美色时就马上喜欢它了，不是在见了美色之后才起一个心去喜欢。闻到恶臭是知，讨厌恶臭是行，闻到恶臭时就开始讨厌了，不是在闻到恶臭之后才起一个心去讨厌。

"一个人如果鼻塞，即使恶臭在跟前，鼻子闻不到，也就不会讨厌了，也是因为他不知道臭。我们讲某人知道孝顺父亲、恭敬兄长，一定是这个人已经做到了孝顺父亲、恭敬兄长，才会说他知道孝悌。并不是只知道说些孝悌之类的话，就可以称他为明白孝悌了。再如知道痛，一定是他自己真的疼痛了，才会知道痛；知道寒，一定是他自己真的寒冷了；知道饥，一定是他自己肚子真的饥饿了。

"知与行怎么可能分开？这就是知与行的本体，没有私欲在其中。圣贤教诲大家，只有这样，才可以称作知。不然，就算不上知了。

"这是多么紧要实在的工夫啊！非要把知行说成是两件事，是什么意思呢？我要把知行说成是一件事，又是什么用意？倘若不懂得我提出'知行合一'的目的，一味纠缠是一件事还是两件事，又有什么用呢？"

另一次，徐爱说："古人把知和行分开来讲，大概是叫人有所区分，一方面做知的功夫，另一方面做行的功夫，这样所做的功夫才能落实。"

王阳明认为这个理解就偏离了古人的原意，他告诉徐爱："我以前说过，知是行的意向，行是知的功夫，知是行的开始，行是知的结果。如果明白这个道理，那么，讲知的时候，行其实已经包含在其中了；讲行的时候，知其实也包含在其中了。

"古人之所以把知和行分开来说，只因世上有一种人，只顾稀里糊涂地随意去做事，根本不思考琢磨，完全肆意妄为，因此必须说一个知，他才能行得端正。还有一种人，海阔天空漫无边际地思考，根本不愿切实力行，只是无端空想，所以必得着重说一个行，他才能知得真切。

"这是古人不得已为了救弊补偏的说法。假如明白了古人真正的意思，那么说一点就已经足够了。现在的人非要把知和行分为两件事去做，认为是先知然后行。因此，就先去研究、讨论如何做知的功夫，等到知得真切了，再去做行的功夫。

"这样，很可能终生都不去践行，也终生没有真正的认知。这不是什么小毛病，由来也很久了。我现在特别强调'知行合一'，正是要对症下药，并非我凭空杜撰。

"知和行的本体原本就是这样的。如果懂得了其中的要领，就算把知行分开说成两件事也无关紧要，本质上仍是一件事。如果不领会其中的要领，即使说知行合一，又有什么用呢？只是闲扯而已。"

在王阳明看来，知和行之所以分开来说，只是一种权宜，而且，主要针对有些人做事之前没有弄清楚自己的目的，糊里糊涂就做，一味蛮干；而有些人整天想来想去，却从不行动。所以，对于前者，要强调知，对于后者，要强调行。但事实上，知行是同一件事，必须同时发生，才会产生能量。

以前我读研究生的时候，有些老师主张不要轻易写学术论文，要等到学识都扎实了以后再写。而有些老师主张一边学习一边写论文，在写的过程中你的学识会越来越扎实。现在很多人创业，总在找商业模式，然后去参加各种班，看各种书，总想着找到一个好的商业模式，然后照着去做。但实际上，有过创业经验的人都知道，商业模式不是想出来的，而是在做的过程中慢慢浮现，往往只可意会不可言传。

王阳明讲的知行合一，那个行，不完全是我们理解的行动，如果完全理解为"行动"，那么，知行合一在逻辑上确实会有问题。王阳明把行解释为"起念"，更接近佛教里的"行"，五蕴中的"行"。他说："今人学问，只因知行分作两件，故有一念发动，虽是不善，然却未曾行，便不去禁止。我今说个知行合一，正要人晓得一念发动处，便即是行了。发动处有不善，就将这不善的念克倒了。须要彻根彻底，不使那一念不善潜伏在胸中。此是我立言宗旨。"

如果把念头都看作是"行"，那么，看顾好自己的念头，就是一件需要平常时时训练的功夫。我们都应该像《金刚经》里所说，"善护念"，善于看护好自己的念头。

04　知行合一的本体是什么？

有一个叫顾东桥的人，写信给王阳明讨论知行合一。

他认为不管怎么样，知和行还是有一个先后的顺序问题："所谓知行并进，不应区分先后，这也就是《中庸》提到的'尊德性'（推崇德性）和'道问学'（以道贯穿问学）的功夫，是互相存养，互相促进，内外本末，一以贯之的。但是，功夫的顺序，不能没有先后之分。例如，知道了食物才会去吃，知道了汤水才会去饮，知道了衣服才会去穿，知道了道路才会去走；还没见过这个物，就先有了这个事，这种情况好像不会发生。这也是毫厘之间的差别，并不是说，要等到今天知道了，明天才会去实行。"

王阳明在回信里辨析说："既然讲'互相存养，互相促进，内外本末，一以贯之'，那么知行并进的主张也应毫无疑问。又说'功夫的顺序，不能没有先后之分'，这不是自相矛盾吗？知道了食物才去吃诸如此类的例子，尤其明白易懂，只是你被现在流行的看法蒙蔽了，自己没有察觉。

"人一定是先有想要吃的心念，之后才能知道食物。想吃的心念就是意，也就是行的开始。食物味道的好坏，必然放入口中才能知道，哪有未入口就能知道食物味道的好坏呢？必有想行走的心，然后才知道路，想行走的心就是意，也就是行的开始；路途的坎坷曲折，需要亲身经历才能知道，哪有还没有亲身经历就先知道路途的坎坷曲折呢？知汤才饮，知衣才穿，依次类推，没有什么疑问的。

"如果按照你的说法，那么，就成了还没有见这个物就先有这个事了。你又讲：'这也有毫厘之间的差别，并不是说要等到今天知道了，明天才去实行。'这种说法也是省察不够精确。但即使按照你的思路，也可以推论出知行合一，是断然不可怀疑的。"

那么，问题又来了，怎么样才能做到知行并进呢？

王阳明是这样回答的："知的切实实行之处，就是行；行的明晰精察之处，就是知。知行的工夫，原本不可分离。只因后世学者把知行分为两部分下功夫，忘掉了知、行的本体，为了补救这个误导，才有知行合一并进的主张。真知就是能够去行，不行不足以称为知。

"就像你来信所讲，知食才吃等例子也可说明，这一点在前面已简要谈到了。这虽然是为了挽救时弊而提出来的，然而，知行的本体原本就是如此，并不是用自己的意念来加以抑扬，将就着提出观点，以求一时的效用。

"专求本心，而遗忘了事理的探求，这就是失去了本心。因为事理不在我心之外，在我心之外去寻求事理，也就是没有事理了。遗忘了事理反求我心，我心又是什么呢？"

王阳明的回答里，讲了一个很关键的东西，就是知行合一有一个本体，什么本体呢？我们先看一段对话。有一个叫周莹的人，跟着一个叫应元忠的老师学习，这个应老师很崇拜王阳明，就叫周莹去找王阳明请教。于是，周莹就费了很大的周折找到王阳明。王阳明就问他："应先生都教过你什么呢？"周莹回答："也没有教什么，只是每天教我向圣贤学习，不可溺于流俗罢了。应先生还说，他曾就这些道理请教过阳明先生，如果我不信，不妨亲自找您求证。所以我才千里迢迢来找您。"王阳明就问："那这样说来，是你对应先生的话信不过了。"周莹连忙说："信得过。"王阳明说："那何必又跑来找我？"周莹答："那是因为，应先生只教了我该学什么，却没有教我该怎么学。"王阳明说："其实你知道怎么学，不需要我来教。"周莹很迷惑，说："我不太明白您说的意思。"王阳明就问："你从永康来这里走了多少路？"周莹回答："足足千里之遥。"王阳明又说："是乘船来的吗？"周回答："先乘船，后来又走陆路。"王阳明说："真是很辛苦，尤其现在六月一定很热吧。"周莹回答："是很热。"王阳明又问："一路准备盘缠了吗？有童仆跟随吗？"周莹回答："这些都有准备，只是童仆半路病倒了，我只好把盘缠给了他，自己又借钱走了下一段路。"王阳明又问："这一路既然那么辛苦，为什么不半途而返呢？反正也没有人强迫你。"周莹就说："我是真心来向您求学，旅途中的艰辛对我而言是乐趣，怎么会半途而回呢？"王阳明就说："你看我就说你已经知道该怎么学习了。你立志来向我学习，结果就到了我门下，而这一路从水路到旱路，又安置童仆、筹备盘缠、忍受酷暑，这一切你又是如何学来的呢？同样的道理，只要你有志于圣贤之学，自然就会成为圣贤，难道还需要别人来教你具体的方法吗？"

这一段对话里，王阳明点出了知行合一的本体，就是立志。立志，把知行合一统摄起来，成为一件事。只要你有志向，就一定能够达成。一旦你立志了，那么，不管你是在读书，还是在做具体的什么项目，其实都是同一件事。如果没有立志，那么，知行合一是同一件事，在逻辑上有很多悖论。这就是为什么王阳明如此注重立志。马克·吐温说："人一生中只有两天是最重要的，第一天是出生，第二天是找到人生目标。"第一天我们都已经拥有了，愿我们都已经找到了第二天。

05　你相信什么就会有什么样的现实

知行合一，不是一种理论，而是一种行动逻辑，是一种如何把事情做成的逻辑。如何做成事呢？在朱熹看来："义理不明，如何践履？"有人反驳说："只要践履，就能明白义理。"但朱熹说："好比你要去一个地方，路都不知道，怎么去走？"一般人都会觉得朱熹讲的没有错，我们去什么地方，总得把路怎么走弄清楚，然后上路，这样才不至于出什么差错。

但王阳明并不赞同朱熹的看法，他的思路是，只要立志去某个地方，就一定不会走错路，一定可以到达，如果你走错了，那一定是你并没有真心诚意地想去那个地方。我们回顾一下，王阳明和朱熹的分歧，是从格物开始。朱熹认为，万事万物都有一定的定理，格物就是探究万事万物的定理。而王阳明认为，万事万物并没有什么定理，而是我们的内心有定理，我们应该去把我们内心的定理挖掘出来，那么，看待万事万物，都能看到天理。

这个分歧很微妙，但又很深刻，是两种完全不同的认知和方法论。朱熹认为，看见了才相信，而王阳明认为，相信就能看见。

这个很像佛教里的《阿弥陀经》。释迦牟尼在《阿弥陀经》说，你把这些都放下，你只要想着往西有一个极乐世界，一个完美得不能再完美的极乐世界。你只要相信这个极乐世界就可以了，只要你相信，你就可以去到那里，得到彻底的解脱。

真的有这么一个极乐世界吗？东南西北上下的所有佛，都伸出他们广长的舌头，证明释迦牟尼说的关于极乐世界的说法真实不虚。当然，所有的佛都说是真的，如果你不相信，那么，它对于你来说，还是不存在。犹如你不相信爱情，那么，爱情就离你很远。你想要得到爱情，那么，就要对爱情具有信心；你想要得到金钱，那是因为你相信金钱能够给你带来更好的生活。

经常听到一些女性朋友在感叹：世界上没有好男人。事实是，如果你根本就不相信世界上有好的男人，那么，好的男人怎么可能到你的眼前？（当然，另一种说法是如果你想遇到好的男人，那么，你自己首先应该是个好的女人。）也经常听到一些朋友在感叹：这个社会没有好人。如果你对于社会对于人性失去了信心，那么，你就很难再看到好人。

生活的动力来自信心。相信教育可以改变命运，所以，你会非常努力地学习；相信环保可以拯救地球，所以，你会非常自觉地过低碳生活；等等。活在这个世界上，你必得相信一些东西，才能活下去。相信正义，相信自由，相信公平，相信爱……相信什么，你就会有什么样的生活。最终极的信，就是全然地忘却自我，融入无限性之中。这是最彻底的信。

《华严经》说："信为道元功德母，长养一切诸善法，断除疑网出爱流，开示涅槃无上道。"莲池大师说："往生净土，要须有信，千信则千生，万信则万生。"

王阳明相信成圣，相信人格的力量，相信一旦你决定立志成为圣人，那么，一切的问题都不是问题。这是王阳明所讲知行合一的一个主要意思，就是你发自内心地相信儒家的最高理念，那么，一切困难，都自有解决的方法。这种思路在今天，可以叫做目标论，只要找到了人生的根本目标，那么，人生的问题就一定可以解决。蒂姆·伯顿导演的《大鱼》，讲一个父亲，一直对他儿子讲一些很奇妙的故事，他的儿子觉得父亲在胡扯，结婚后离开了家，父亲去世前再次见到父亲，明白了这些故事的意义。在平庸的生活之上，需要故事赋予意义。如果我们相信这些故事，那么，它们就是真实的，就会改变我们生活的质地。

06　越平常，越非凡

王阳明讲知行合一，讲知和行是同一件事，讲知行合一的本体其实是立志，立志就是相信一个基本的合乎天理的目标。很多人不能够做到知行合一，是因为他们并不真的相信那个基本的合乎天理的目标。

王阳明有个学生叫舒芬，请王阳明为自己写一幅字，内容是《孟子》里的"拱把桐梓"那一章。孟子曰："拱把之桐梓，人苟欲生之，皆知所以养之者。至于身，而不知所以养之者，岂爱身不若桐梓哉？弗思甚也。"大意是说："一小把的桐树和梓树，人们如果要使它生长，都知道如何培育它。对于自身，却不知道培养，难道爱护自己还不及爱护桐树和梓树吗？不用心思考真是达到了极点。"

孟子这一段话在当时是名言，也是大家都知道的格言。讲的是非常简单的道理，就是儒家讲的修身。这个修身不是我们现在讲的健身，虽然也有让身体变得美好的含义，但更多的是指陶冶性情，涵养德行，一个人要想有所成就，必须要修身。这在宋代，是非常简单的，谁都知道的道理。其实，即使在现代，还是一个简单得谁都知道的道理。谁都知道，做人很重要，人品很重要。很多人喜欢把这些话写下来，挂在房间里。挂了以后，好像已经是这样做了。没有人觉得有什么问题。

但王阳明写到"至于身"，突然停下了笔，对在座的人笑着说："舒芬考中过状元，难道还不知道自我修养，需要靠座右铭时时提醒自己吗？"

像是开玩笑，却是当头一棒。

确实，很多道理，被当作格言挂在墙上，就像今天，我们打开微信、微博，几乎淹没在各种"道理"里面。但王阳明提醒我们，如果我们真的相信这些道理，就不用挂出来，不用在朋友圈晒，而是融入自己的行为。

王阳明这句玩笑话点出了一个普遍的现象，就是很多道理，我们只是挂在墙上，并没有真正相信。所以，听了那么多道理，还是过不好这一生。我们只是听，或者，听了以后只是当作装饰品，用来装点门面。

唐代诗人寒山有一个比喻："说食终不饱，说衣不免寒。"谈论怎么吃、吃什么，是不会饱的；谈论怎么穿、穿什么，是不会暖的。《楞严经》也说："今日乃知：虽有多闻，若不修行，与不闻等。如人说食，终不能饱。"即使听说很多佛法，但如果不去实际修行,那么,还是和没听过佛法的人是一样的。

另外,凡是真正的道理,都很简单、很平常。简单地去坚持,平常地去重复,就会潜移默化,不知不觉带来改变。但是,我们往往以为这类道理没有什么用,总是想寻找一个复杂的、神奇的、立即产生效果的法门。

有一次,白居易拜访道林禅师,问他到底什么是佛法。道林禅师回答:"诸恶莫作,众善奉行。自净其意,是诸佛教。"白居易就很失望地说:"哎呀,佛法这么简单啊,三岁的小孩子都知道。"道林禅师马上回了一句:"三岁孩童道得,八十老翁行不得。"

我年轻的时候,一直想学好英语。但一直没有学好,成了我至今最大的遗憾。原因在哪呢?我总是更换教材。总以为有一本更好的教材可以学得更快。而我一个朋友却在大学四年,什么教材都不看,只是守住一套《新概念英语》,背得滚瓜烂熟。大学毕业的时候,他已经可以很流利地和外国人用英语交谈,而我到现在还是不能和人用英语交流。

我们对于那些简单的、平常的道理,往往不觉得有什么重要,总觉得道理都应该很大。但实际上,凡是让人有所成就的道理,都很普通。你去看那些优秀的企业家或科学家的传记,他们之所以能够有所成就,并不是因为他们有什么诀窍,而不过是遵循了简单的、平常的道理,成就了非凡的事业。你看他们总结自己的经验,讲的无非是做人啊、诚实啊、勤奋啊、热爱啊这样一些很基本的道理。

王阳明讲的知行合一,讲的行动法则,核心是认定一个简单的天理，使其成为自己的信念，然后，事情就一定会做到。在王阳明看来，你只要坚守儒家的基本信念，你就会活得很好，做什么事都可以。这一点非常重要，王阳明讲的立志，不是要赚多少钱，当多大官，而是儒家的信念：成就一种美好的人格。

07　虚伪是人性最大的恶

王阳明经常引用孔子的两句话,一句是"我欲仁,斯仁至矣",另一句是"一日克己复礼,而天下归仁焉"。又经常引用孟子的一句话:"人皆可为尧舜。"这些话的意思是每一个人只要他愿意,都是可以成为圣人的。但为什么人们对于这些名言背得烂熟,还挂在墙上,而另一方面又认为成为圣人,是一个遥远的、和自己没有关系的目标?这是王阳明提倡知行合一的一个重要原因。

第二个原因和第一个原因相关联,因为人们不重视那些基本的常识性的做人原则,缺乏一个统摄性的纲领,因此在世俗生活里会陷于各种分裂的状态。人们其实并不相信挂在墙上的道理,但因为谋生的原因不得不去做,很拧巴,内心想的和做的,不太一样。整个社会有一种精神分裂的状态。实际上是为了做官,但为了掩饰自己,说是为了仁义道德,骗自己也骗别人。有些贪官污吏，已经不是拧巴，而是虚伪。说一套，做一套，嘴上仁义道德，底下男盗女娼。

可怕的是，大家都不当回事，整个社会的风气很造作很虚伪，场面上说一套，行动上又是另一套。这是王阳明提倡知行合一的第二个重要原因。

王阳明曾经在给朋友的信里表示，他对于当时虚伪的社会风气痛心疾首。王阳明在讨论孝道的时候，特别强调怎么孝顺并不重要，重要的是你真正要有孝心，如果没有这个孝心，"就像演员，扮演出各种孝顺的仪式、样子，但这是真的孝顺吗？"王阳明在《别湛甘泉序》中，猛烈地批评了当时的士大夫，他说当时的士大夫都抨击道教、佛教、墨家，以儒家自居，好像圣人之道在社会上是主流，但现实是，一个圣人也找不到，那些以儒家自居的士大夫连佛、道、墨等"异端"都不如，佛家知道要明心见性，道家知道要清静自守，墨家知道兼爱。而现在的儒家，却只知道寻章摘句，做一些书本上的功夫。

而这种风气的形成，王阳明认为和朱熹的学说有关。朱熹的学说把人引向支离破碎的细节和局部，忘了大的原则。王阳明在一封信里，讲了朱熹和提倡心学的陆九渊的不同，体现在对于"尊德性"和"道问学"的解释。这是《中庸》里的一句话："故君子尊德性而道问学，致广大而尽精微，极高明而道中庸，温故而知新，敦厚以崇礼。"

朱熹把"尊德性而道问学"解释为"通过学习而敬奉心中的天理"。但陆九渊认为尊德性是前提，要从自己心上下功夫，不断磨炼自己的德性，然后再去学习，就可以一通百通。这和朱熹的方法是相反的，朱熹是从细节入手，不断学习，不断积累，最后从量变到质变。而陆九渊是从大的原则入手，非常简单，一下子就掌握了全局。而朱熹的方法在陆九渊看来，是一种支离破碎的方法，会让人迷失。王阳明继承了陆九渊的心学，特别强调从大处着眼。

怎么从大处着眼呢？一是完全从心出发，从自己的心出发，后来他把这个心更具体化为良知。君子论学，最重要的是得之于心，即使所有人都认为是对的，自己求之于心认为不对，那也不会跟着所有人认为是对的。一定是自己内心求证而得的。

二是，不只在博闻强识上下功夫，而是在一以贯之上下功夫。王阳明经常引用曾子的一句话："夫子之道，忠恕而已矣。"又经常引用孔子自己的一句话："你以为我是博闻强识的人吗？当然不是的，我只是一以贯之罢了。"人类的知识体系即使在孔子时代，也已经很复杂，就像庄子说的，人的生命有限，而要学习的知识却无限。所以，在王阳明看来，孔子已经给出了一个答案，就是删繁就简，为什么要删繁就简呢？因为在孔子的时代，已经虚文太多；虚文太多，引起天下大乱。所以孔子就做了删减六经的工作，只留下足以明道的核心内容，把纷繁复杂的说辞统统删除。而朱熹的方法，是弃简就繁，只在枝枝叶叶上下功夫，把人变成了学究，更严重的是，把人变得分裂。

这就是王阳明知行合一核心的精神，，就是人应该从自己的内心去恪守一个简单而基本的原则，然后，融入到自己的日常行为里，就可以有所成就。关键的关键，是你要坚信这个原则，并把它变为一种日常的生活方式。

在一个虚伪道德风气里，普通人过得都很拧巴，而权力场的人往往虚伪。共同的特点都是缺乏原则，缺乏自洽的逻辑，在自相矛盾里求生存。区别在于拧巴是和自己过不去，也和别人过不去，但并不想害人，更多的是自己的求生欲。而虚伪是欺骗别人，也欺骗自己，有谋取私利的意图在，为了谋取私利不惜牺牲自己的尊严和人格，当然也会损害别人的利益。虚伪可以说是人性中最大的"恶"，个人的问题，社会的问题，都由表里不一引起。

08　行动的意义

正德十一年（1516）机会来了，那一年王阳明四十五岁，当时主管兵部的大臣王琼推荐王阳明为都察院左佥都御史，巡抚南（安）、赣（州）、汀（州）、漳（州）等地。这一任命改变了王阳明的一生。这一次的职务不同于此前，是具有军政实权的、统管一方的地方大员。这次临危受命，是要去赣南一带剿匪。明代的匪患不是一朝一夕形成的，是政治制度带来的痼疾。南赣一带的匪患，官兵几次镇压，都没有根治，官兵一走，又卷土重来。王阳明不过一个书生，从未有过实际的军事经验，却要去完成这样一个几乎不可能完成的任务，是一个重大考验。

如果剿匪不能成功，那些对王阳明的心学不以为然的人，就会有理由抨击他，会说你王阳明自己也做不到知行合一。从当时的文献看，很多人确实是以看戏的姿态看待王阳明会如何完成这样一个艰巨的任务的。

这一次的剿匪，可以说是王阳明心学的真正实践。我们可以回顾一下前面讲过的王阳明心学的种子法则、心灵法则、纯粹法则以及这一单元的行动法则，对照一下王阳明在剿匪中的做法，体会一下心学是如何实际运用的。

正德十二年（1517）正月，王阳明到达赣州，首先发布《巡抚南赣钦奉敕谕通行各属》，要求各府各县各级官吏详细报告地形、武备、物资、贼情等，同时也征求解决方案。在广泛了解情况的过程中，王阳明认为南赣剿匪有两个关键难点：一是官兵里，以及老百姓里，不少和山贼有父兄子弟的错综关系，所以，山贼很快就能得到官兵的消息；二是以前官兵数量有限，依靠狼兵（广西的地方武装）和土兵（湘西的地方武装）平定叛乱，引发更大的问题。这些地方武装战斗力虽然比官兵还强，但纪律性很差，对于百姓的骚扰甚至比山贼还要厉害。

因此，王阳明确定了两个核心措施：

第一，建立民兵，拥有自己的精悍部队，不再依靠以前的狼兵和土兵。《选拣民兵》这篇公文，记录了选拔和操练的流程，显示了王阳明在建立部队上的才华。有学者认为，王阳明是中国"团练"的始祖，"民兵"的创始人。后来曾国藩建立湘军，应该是受到王阳明的启发。

第二，建立十家牌法，相当于保甲制度，有一点类似于现在居委会制度，通过十户居民编为一组，建立一种连带责任的管理体制，详细登记每一户的信息，详细报告每一户每一天的活动，一旦发现私通土匪，同一组的居民要负连带责任。

在这两个核心措施之外，还通过整理盐法，解决了经费问题。经过一番周密的筹备，进行了三次具体的布战。

第一次布战漳南。出于必须先打一次胜仗的考虑，选择了最弱的漳南。据《明史》记载，正德十二年（1517年）正月，王阳明亲自率领精锐在上杭屯兵，先散布消息，说官兵要撤出漳南，然后，出其不意进攻，连破四十余寨，斩杀、俘获七千多土匪。

第二次布战横水、桶冈。初战告捷后，他向朝廷上疏称，权力太小，无法命令将士。当时王琼上奏，给了王阳明旗牌，允许他自己决策。1517年七月，王阳明进兵大庾，十月，攻克左溪、横水，破匪巢八十四，斩杀、俘获六千多土匪。

第三次布战三浰。横水、桶冈的土匪剿灭后，只剩下盘踞在三浰的土匪，也是最强的一支土匪，王阳明利用他们内部意见分裂，用诱降在正德三年（1518）正月初三全部歼灭了他们。

讲道理是容易的，但实际做起来是不容易的。真正的人生，不是讲道理，而是踏踏实实地做事情。不论多么伟大的成就，都是做出来的，不是讲出来的。

09　一次成功的攻心战

王阳明的心学，就像它的名称，心是唯一的聚焦。所以，王阳明在江西一带剿匪，被认为是一次完美的攻心战。王阳明利用人的心理弱点，以少胜多，一步一步取得了全局的胜利。王阳明善于处理复杂的人际关系和矛盾，也特别善于说服别人，这在赣南剿匪中特别突出。他有一篇《告谕浰头巢贼》，是写给浰头的土匪的，很有攻心战的风格，体现了心学的要领。这里将全文译出：

本院巡抚此地，铲除盗贼，安抚百姓，是我的职责所在。我刚刚上任，就听说你们常年在乡村之中流窜劫掠，杀害良民。每天都有被害的百姓前来告状。本想立即带兵剿灭你们，但随后去征伐漳州贼寇，打算回军之后，扫荡你们的巢穴。等到平定漳州贼寇，计验战功，被斩杀、俘获的贼寇共计七千六百余人，经审查得知，当时带头作恶的贼寇也就四五十人，跟风追随作恶的同伙也不过四千余人，其余的大多是被胁迫而入伙，这让我不由得心中悲伤。

由此想到，在你们巢穴当中，难道就没有被迫之人吗？况且，我还听说你们中有不少大户人家的子弟，其中也一定有能审时度势、通晓义理的人。我到任至今，还未曾派人前去晓谕招抚，岂能突然就发兵剿灭你们？如此，就类似于不教而杀，日后我也定会心有遗憾。所以，今天特意派人告谕你们：不要自以为兵力强大，还有比你们兵力更强大的；不要自以为巢穴险要，还有比你们巢穴更险要的；但这些更强大的、更险要的，都已被我歼灭得一干二净了。你们难道没有听说吗？

人情之所共耻的，莫过于身负盗贼之名；人心之所共愤的，莫甚于身遭劫掠之苦。假如现在有人当面骂你们是贼，你们必定会勃然而怒，你们怎可心里厌恶盗贼的恶名，却干着盗贼的恶行呢？假如有人烧毁你们的房屋，抢劫了你们的财产，霸占了你们的妻女，你们一定会对他怀恨切骨，宁死也要报仇雪恨。你们如今将此等恶行施加于人，别人怎么可能不痛恨你们呢？人同此心，难道你们不懂吗？

你们甘心为贼，想必其中也有某些不得已的苦衷。或许被官府逼迫，或许为大户侵害，一时冲动，错起念头，误入歧途，后来又不敢轻易回头。你们的这些苦处，也的确让人觉得可怜，但也是你们不能真切悔悟造成的。你们当初决定去做贼寇，明明是活人寻死路，尚且说去就去，而今如果能弃恶从善，那便是死人寻活路，你们反而不敢，这是为什么呢？如果你们今天像当初去做贼寇一样，拼命脱离贼巢，官府怎能非要杀你们？你们久习恶毒，忍于杀人，心多猜疑。哪里明白有教养的人，无缘无故杀只鸡犬都会于心不忍，更何况是人命关天呢？如果轻易杀掉你们，冥冥之中，定有报应，灾祸殃及子孙后代，我何苦一定要如此？

我每每为你们想到这些，就彻夜难眠，也无非是想给你们寻一条生路。如果你们冥顽不化，我就不得已要发兵，那就不是我杀你们，而是老天要诛杀你们了。如果说我完全没有杀你们的心，那也是欺骗你们；如果说我非要杀你们，这又绝非我的本心。你们今天虽然做了贼寇，但从前也都是朝廷的赤子！就像一对父母有十个孩子，八人善良，二人悖逆，想要加害其他八人。作为父母，必须除掉两个逆子，其他八人才能得以安生。都是自己的孩子，作为父母，为什么偏要杀掉那两个孩子？那是因为迫不得已啊！对于你们，我的心也是如此啊。如果这两个孩子能悔恶迁善，痛哭流涕，诚心归顺，做父母的也必然会心生悲悯，接纳他们。为什么？不忍心杀掉自己的孩子，实乃父母的本心啊。如今二人能够顺遂了父母本心，还有什么比这令人高兴的啊！对于你们，我的心也是如此啊。

听说你们身为贼寇，收入也不多，有的人连衣食都难以保障。你们何不把辛苦做贼的那份精力，用来种田经商呢？那样很快就可以发家致富，安心享受自在的生活，放心纵意地畅游于城市之中，优哉游哉行于田野之上。哪里会像今天，整日担惊受怕，出门要躲避官府，防范仇家，回到贼巢又怕被官军围剿诛杀，只好潜藏身形，掩藏行迹，一生忧苦，最终落得家破人亡，妻儿受辱。这样的日子有什么可留恋的吗？你们自己好好想一想吧。

如果你们能听从我的劝告，弃恶从善，我就把你们当作良民来看待，当作赤子来安抚，不再追究你们过往之罪。像叶芳、梅南春、王受、谢钺这些人，如今我已经把他们当作良民一般来看待了，你们难道没有听说？如果你们恶习难改，那只好任由你们如此。到时候，我南调两广的狼兵，西调湖、湘的土兵，亲率大军去围剿你们。一年剿灭不尽那就两年，两年不尽那就三年，你们财力有限，我官府兵粮无穷。纵使你们都是有翼之虎，谅你们也难以逃于天地之外！

呜呼！我哪里真的想杀你们啊！你们非要残害我那些善良百姓，让他们无衣御寒，无食果腹，无房容身，无田耕种，让他们父母死亡，妻离子散。我想让他们躲避你们，可是家园已被你们侵占，他们已经无处可躲；我想让他们送钱财给你们，可是家资已被你们掠夺，他们已经无钱财可送。如果你们站在我的位置想一想，也会认同必须要把你们全部剿灭。

我现在派人安抚晓谕你们，赐予你们一些牛、酒、银两和布匹，使得你们妻儿与你们团聚。其余的人很多，无法全都顾及，各发一篇晓谕，你们好自为之吧。我言已无不尽，我心已无不尽，如果这样你们仍不听我劝告，就不是我有负于你们，而是你们有负于我，那我就再没有什么可遗憾的了。

呜呼！天下皆是我的同胞，你们都是朝廷赤子，我最终不能抚恤你们，竟至于诛杀你们，痛哉！痛哉！写到这里，不觉泪下。

这篇告谕是一封慰问信。王阳明剿灭横水、桶冈的土匪之后，决定彻底解决浰头的土匪。浰头位于今广东河源市和平县。这个和平县，是王阳明胜利后，奏请朝廷设立的。在使用武力之前，王阳明总是寻求和平解决的方法，所以，他就先派人带了牛羊等前去慰问，并带了这一封慰问信。

这封信写得苦口婆心，从不同的角度向山贼讲道理，但都不是大道理，而是人之常情。处处站在他们的角度，为他们考虑，既像朋友家人的规劝，但又有官府的威严，把严重的后果讲得十分清楚。就是俗语说的恩威并重，德治和法治并重。

按照王阳明后来的说法，每个人心里都有良知。只要把每一个人心中的良知激发出来，他就会弃恶从善。所以，王阳明在剿匪过程里，用现在的话说，特别喜欢做思想工作。一方面，用兵法攻城，另一方面，用良知攻心。

这一封慰问信发出后，有几个土匪首领就带着人前来投降了。南赣剿匪的三次布战，王阳明展现了和一般军事将领不太一样的风格，都以智取为主。但智取也带来伦理上的困境，有人批评王阳明用兵"诡异""狡诈"。如何看待王阳明的用兵手法？

第一，在我看来，我们不应该完全用《传习录》中的言词，来僵化地对照王阳明战场上的行为。每一个人的信仰、道德原则，不一定能够在现实生活里一一对应，很多时候不得不随顺现实法则。举个例子，再虔诚的佛教徒，面对杀人犯，也不会真的教条式地套用"慈悲原则"，要求别人宽容罪犯，而是必须尊重当下社会的法律原则，惩治罪犯。

第二，有学者提到，王阳明以孔子为榜样，但如果让孔子去南赣剿匪，应该不会以"诈术"取胜。实际上，孔子说过，君子不会去猜测别人是否欺诈，但是，也不会被小人欺骗。也就是说，君子并不是迂腐的、死守教条的书呆子。孔子也说过，君子处于什么位置，就做这个位置该做的事。王阳明处在南赣剿匪总指挥的位置上，就应该做这个位置要求他做的。

英国哲学家休谟在《人性论》中说："获胜的唯一途径，就是摒弃我们一贯采用的那种令人厌恶的迂回曲折的旧办法，不要置身于边界上还要一会儿夺取某座城堡，一会儿又要攻占某个村落，而是要直击这些科学的核心或首府，即人性本身；只要掌握了人性，我们就有可能在其他各方面轻易地获胜……在没有了解人性之前，所有问题都不可能得到真正的解决。"王阳明所谓的攻心战，是在了解人性的基础上进行的。人同此心，不管怎么变化，人性的基本结构没有什么变化。越是在复杂的情况下，越应该多多了解人性。

10　破山中贼易，破心中贼难

破山中贼易，破心中贼难。这是王阳明在横水时，写给杨仕德信中的一句话。正德十三年（1518）三月，王阳明用了一年多一点的时间，就平定了南赣的匪患。破山中贼确实并不是很难。王阳明那一年已经四十七岁，他写了一封《乞休致疏》，请求退休养病。但1518年六月，皇帝下了圣旨，升任王阳明都察院右副都御史，官位从正四品升为正三品，子孙一人可以世袭锦衣卫百户，继续巡抚南、赣、汀、漳。

既然山中贼已破，接下来，王阳明致力的，是破"心中贼"。

如何破掉百姓心中的"贼"？

王阳明一方面在社会管理方面，对老百姓进行道德教育，发布《告谕》，以及《南赣乡约》，另一方面兴办学校，并亲自拟定《教约》。都是要从制度层面改善民众的精神状态，也就是我们今天说的，好的制度让坏人变好，坏的制度让好人变坏。而教育则是根本性的思想启蒙，造就一代新人。

在《告谕》中，王阳明告诉老百姓不要做什么。第一，做丧事不许用鼓乐、做道场；第二，医病不许信邪术、巫术之类；第三，婚事不许计较彩礼、嫁妆和大摆宴席；第四，走亲戚只要有诚意就好，不许为送礼设立各种名目；第五，街市村坊不许迎神赛会，大型集会。

王阳明的《南赣乡约》在中国乡村治理史上，是一个里程碑。这个乡约，从组织路径和思想路径上，实施教化，重构乡村伦理，至今仍有现实意义。《乡约》总共十六条，规定了全乡民众共同遵守的规则，涉及军事训练、道德规范等等。分为两大板块，第一板块是谕民文告，第二板块是具体规条。王阳明首先强调一个地方的管理不善，治安混乱，责任在地方政府，也在父老子弟，都有不可推卸的责任。又指出人的善恶都在一念之间，为心所驱使，所以，《乡约》颁布的目的是让人通过自我约束净化心灵。所以，《乡约》非常强调社会教育的重要，家庭、邻里、朋友之间，都应该相互教育，而官府对人民的教育尤其重要。而教育的目的是使民众变得善良、仁厚。在家庭里要实行孝悌，在家与家之间要实行互助。总的来说，《南赣乡约》要做的，是通过一些具体的强制性的行为规则，让每一个人都能为善去恶，从而彻底改变一个地方的社会风气和社会秩序。

《南赣乡约》中第1至15条：

一、同约中推年高有德为众所敬服者一人为约长，二人为约副，又推公直果断者四人为约正，通达明察者四人为约史，精健廉干者四人为知约，礼仪习熟者二人为约赞。置文簿三扇：其一扇备写同约姓名，及日逐出入所为，知约司之；其二扇一书彰善，一书纠过，约长司之。

二、同约之人每一会，人出银三分，送知约，具饮食，毋大奢，取免饥渴而已。

三、会期以月之望，若有疾病事故不及赴者，许先期遣人告知约；无故不赴者，以过恶书，仍罚银一两公用。

四、立约所于道里均平之处，择寺观宽大者为之。

五、彰善者，其辞显而决，纠过者，其辞隐而婉；亦忠厚之道也。如有人不弟，毋直曰不弟，但云闻某于事兄敬长之礼，颇有未尽；某未敢以为信，姑案之以俟；凡纠过恶皆例此。若有难改之恶，且勿纠，使无所容，或激而遂肆其恶矣。约长副等，须先期阴与之言，使当自首，众共诱掖奖劝之，以兴其善念，姑使书之，使其可改；若不能改，然后纠而书之；又不能改，然后白之官；又不能改，同约之人执送之官，明正其罪；势不能执，戮力协谋官府请兵灭之。

六、通约之人，凡有危疑难处之事，皆须约长会同约之人与之裁处区画，必当于理济于事而后已；不得坐视推托，陷入于恶，罪坐约长约正诸人。

七、寄庄人户，多于纳粮当差之时躲回原籍，往往负累同甲；今后约长等劝令及期完纳应承，如蹈前弊，告官惩治，削去寄庄。

八、本地大户，异境客商，放债收息，合依常例，毋得磊算；或有贫难不能偿者，亦宜以理量宽；有等不仁之徒，辄便捉锁磊取，

203

挟写田地，致令穷民无告，去而为之盗。今后有此告，诸约长等与之明白，偿不及数者，劝令宽舍；取已过数者，力与追还；如或恃强不听，率同约之人鸣之官司。

九、亲族乡邻，往往有因小忿投贼复仇，残害良善，酿成大患；今后一应门殴不平之事，鸣之约长等公论是非；或约长闻之，即与晓谕解释；敢有仍前妄为者，率诸同约呈官诛殄。

十、军民人等若有阳为良善，阴通贼情，贩买牛马，走传消息，归利一己，殃及万民者，约长等率同约诸人指实劝戒，不悛，呈官究治。

十一、吏书、义民、总甲、里老、百长、弓兵、机快人等若揽差下乡，索求费发者，约长率同呈官追究。

十二、各寨居民，昔被新民之害，诚不忍言；但今既许其自新，所占田产，已令退还，毋得再怀前仇，致扰地方，约长等常宜晓谕，令各守本分，有不听者，呈官治罪。

十三、投招新民，因尔一念之善，贷尔之罪；当痛自克责，改过自新，勤耕勤织，平买平卖，思同良民，无以前日名目，甘心下流，自取灭绝；约长等各宜时时提撕晓谕，如踵前非者，呈官征治。

十四、男女长成，各宜及时嫁娶；往往女家责聘礼不充，男家责嫁妆不丰，遂致愆期；约长等其各省谕诸人，自今其称家之有无，随时婚嫁。

十五、父母丧葬，衣衾棺椁，但尽诚孝，称家有无而行；此外或大作佛事，或盛设宴乐，倾家费财，俱于死者无益；约长等其各省谕约内之人，一遵礼制；有仍蹈前非者，即与纠恶簿内书以不孝。

11　什么是事上练？

王阳明在江西讲学的时候，当地一个政府官员很是崇拜王阳明的心学，可是他很沮丧地说："我公务繁忙，真是没有时间去学习啊。"王阳明说："我怎么会让你脱离公务而学习呢？你既然有工作，那就在工作上去修行，这才是真的修行。我就以审案为例：你审案时不能带有情绪，不能因为被告强词夺理就大怒；也不能因为他送礼了，就宽恕他的罪行；也不能因为他甜言蜜语而欢喜；也不能因为有人托你惩治嫌疑人，你就真去惩治。总之，必须要秉承公正的内心来做事。如果你离开工作专门来修行，那就成了水中捞月，永远扑空。"

这个就叫事上练。事上练针对的是特别的修行。佛家、道家、儒家，都有一些修行的方法。王阳明也鼓励学生静坐，叫做默坐澄心。还讲过禅修。前面提到过，王阳明向学生介绍过禅定的四个阶段：杂、昏、惺、性。"初学禅时，百念纷然杂兴，虽十年尘土之事，一时皆入心内，此之谓杂；思虑既多，莫或主宰，则一向昏了，此之谓昏；昏愦既久，稍稍渐知其非，与一一磨去，此之谓惺；尘念既去，则自然里面生出光明，始复元性，此之谓性。"通过静坐，可以修炼让心变得澄明，然后见到自己的本性。这种特别的修行，是一个必需的阶段，但是，我们不能老是在特别修行的时候，清净了，不烦躁了，一回到现实生活里，一遇到具体的事情，又变得烦躁、狂乱。

所以，王阳明又非常强调事上练，要把特别的修行和日常的修行结合起来，才是真正的修行。他对学生说："人须在事上磨炼，做功夫，乃有益。若只好静，遇事便乱，终无长进。"这是事上练的第一个意思，就是修行必须和实际的生活融为一体，假如我们的觉悟只是在特别修行的时候才有用，那么，实际上并没有什么用。这是王阳明知行合一很重要的一个含义。

引申开来，事上练还有一个意思，就是任何时候，我们做什么事情，不管自己喜欢还是不喜欢，如果必须要做，就用心去做，当作是修炼自己的道场。

不管遇到什么事，不要抵触，不要烦躁。如果我们把生命看作是一个成长的过程，那么，不论做什么事，都不会是浪费。随便举个例子，像今天我写文章，可能是我不太愿意的，因为现在是假期，很多人出去玩了，但我还要写文章。但是，既然我必须做这一件事，就应当全然用心地去做。第一是不能有任何烦躁、不耐烦的情绪，第二是不能有敷衍的念头，想着尽快结束，然后就可以去做别的了,这不是正向的念头。这个时候,我们讲求事上练,专注在写文章这件事上,在每一个细微的过程里享受,做到竭尽全力。这是事上练延伸出来的意思。

事上练还有一个深藏其中的含义,一下子不太容易理解,但很重要。王阳明经常引用孟子的两句话。第一句是:"必有事焉而勿正,心勿忘,勿助长也。"孟子这里讨论的是如何涵养浩然之气,大意是:一定会有各种各样的事情发生,不要把功夫放在预料事情上,而应该修身,养成了自己的浩然之气,解决事情的根本条件就具备了。另一句话是关于集义,孟子说:"难言也。其为气也,至大至刚;以直养而无害,则塞于天地之间。其为气也,配义与道;无是,馁也。是集义所生者,非义袭而取之也。行有不慊于心,则馁矣。"大意是:很难说清楚啊。它作为一种气,最为盛大,最为刚强,靠正直去培养它而不伤害它,就会充塞天地之间。它作为一种气,要和义与道配合;没有这些,它就会萎缩。它是不断积累义而产生的,不是偶然地有过正义的举动就取得的。如果行为有愧于心,气就萎缩了。

王阳明对于这两句话有过多次解读,其中有一段:"近年来山上讲学的人,常常说'勿忘勿助'的功夫很艰难。向他们询问个中缘由,他们说稍有意念就是助,稍不用心就是忘,所以很难掌握。我接着问他们:'忘是忘个什么?助是助个什么?'他们不能作答,反过来问我。我对他们说,我在这里讲学只说一个'必有事焉',不说'勿忘勿助';'必有事焉',就是每时每刻去'集义'。

"时刻都该用'必有事'的功夫,偶尔出现间断,这就是忘,就必须'勿忘'。时刻都该用'必有事'的功夫,偶尔想求速效,这就是助,就必须'勿助'。这种功夫都在'必有事焉'上用。

"'勿忘勿助'只在其中起着提醒警觉的作用。如果功夫本来没有间断,就不用说'勿忘';本来不想求速效,就不用说'勿助'。这功夫是何等的明白简易、何等的洒脱自在!此刻不到'必有事'上下功夫,却空守着一个'勿忘勿助',就有如生火做饭,锅里还未烧水,而一味去添柴加火,能烧出个什么名堂来呢?只怕还没调好火候,灶上的锅就已破裂了。最近,那些专门在'勿忘勿助'上用功的人,他们犯的毛病正是如此。成天凭空去做一个'勿忘'的功夫,又凭空去做一个'勿助'的功夫,无边无际,完全没有切实的下手处,到头来功夫也只做个死守空寂,变成一个痴呆汉。刚碰到一点难题,就心烦意乱,不能妥善应付,及时处理。这些人都是志士仁人,但是忧劳困苦,错过了一生时光,这都是错误的修学方法耽误了他们,太可悲了!"

再结合其他地方的引述,很明显,王阳明表达了这么一个逻辑:必有事焉 = 集义 = 致良知。无论是"必有事焉"还是"集义",都必须归结到"致良知"上来。因此,所谓事上练,是指时时处处做出适宜的事情,时刻都在积累善,都在充分挖掘自己的良知。

我们活在世界上,某种程度上,可以说,时刻都在做事。很多事我们不愿意做,但又好像不得不做,那么,事上练是一个解决的方向,我们不妨试一试。

12　心意比形式更重要

关于致良知，可以归纳为五点：

第一，心的本体是至善。但在实际的运用中，有善有恶。

第二，良知即"良知良能"。"圣人无所不知，只是知个天理；无所不能，只是能个天理。"

第三，所以心学的功夫就是要扩充自己的良知。

第四，把知行合一和致良知统一起来，王阳明有一段话讲得很明白。当黄直问"知行合一"的时候，他说："此须识我立言宗旨。今人学问，只因知行分作两件。故有一念发动，虽是不善，然却未曾行，便不去禁止。我今说个知行合一，正要人晓得一念发动处，便即是行了。发动处有不善，就将这不善的念克倒了。须要彻根彻底，不使那一念不善潜伏在胸中。此是我立言宗旨。"

第五，正念头就是致良知。

提出致良知这个概念后，王阳明实际上把"正念头""事上练""知行合一"等都统一起来了。分解开来，第一步就是要找到种子，第二步就是要从心里去找种子，第三步就是要让心变得清净明亮，第四步就是要在行动中让心变得清净明亮。

怎么样在行动中让心变得清净呢？有三个层面。第一个层面是心里想的和实际做的应保持高度一致。第二个层面是只有真正去做了，才算是真正明白了。第三个层面是这个行动不是我们一般理解的看得见的行为，而是包含了起心动念。

王阳明心学强调的是心意。心意比形式更重要。王阳明离开滁州去南京任职的时候，他的弟子们组成了欢送的队伍，一路送他到长江边。王阳明写了一首诗："滁之水，入江流，江潮日复来滁州。相思若潮水，来往何时休。空相思，亦何益？欲慰相思情，不如崇令德。掘地见泉水，随处无弗得；何必驱驰为，千里远相即。君不见尧羹与舜墙，又不见孔与跖对面不相识。逆旅主人多殷勤，出门转盼成路人。"大概的意思是说，你们这样和我依依不舍，表现在形式上没有什么实际意义，不如回去好好学习圣贤的功夫。最高的道就在你们每一个人自己心中，并不在老师我这里。向自己的心中求道，随时随地都可以，没有必要一定要跟随我。从前尧去世之后，舜很是思念，常常会在喝的汤里面，墙壁上，看到尧的音容笑貌。而孔子和盗跖，就算面对面坐在一起，也还是相互不认识。又好像旅店的掌柜，很热情地接待每一位来客，但客人一走，就不会挂记人家了。

王阳明心学，不管在哪个阶段，重心意轻形式，是一贯的，不过用的词语稍有不同。有一段时间，他很喜欢用"诚意"这个词，不管是种子法则，还是心灵法则，或者纯粹法则、行动法则，关键是要有诚意，只要你有诚意，你就把一切都统摄起来了。

王阳明的心学，基础一直是儒家的三纲领、八条目，三个纲领是"明明德""亲民""止于至善"。八条目是格物、致知、诚意、正心、修身、齐家、治国、平天下。这是朱熹提出来的儒家理论基础，王阳明的解释和朱熹不尽相同，王阳明心学就是在不尽相同的解释中展开的。王阳明和朱熹最明显的不同，就是朱熹喜欢逐条立论，层层推进；而王阳明喜欢用一条理论贯穿全部，认为是同一件事。在八条目里，他比较强调的是格物和诚意，但他把格物解释为正心，这样一来，就是强调凡事先从自己身上下功夫，先从大的格局下手，其他的都是技术问题。王阳明回答别人的提问，往往会说："你只要做到某一个关键点就可以了。"

有一个叫林典卿的人和他告别的时候说："先生您和我说了很多关于立诚的道理，现在我要离开你了，能不能说一点别的？"王阳明回答："除了立诚，其他没有什么好说的了。"林典卿就很奇怪："天地那么大，宇宙那么浩瀚无垠，四季流转，各种奥秘和知识，不可穷尽；而那么多的人，那么多的植物动物，也不可穷尽；从古到今，那么多学者终其一生也没有研究出多少所以然来，难道只要立诚就足够了吗？"王阳明的回答："没错，有立诚就足够了。"诚就是天理，不可增益，只要显现就可以了。一般人不太容易理解，怎么抓住一个立诚就可以了呢？但在王阳明看来，如果你有诚意，不自己欺骗自己，那么，一切都可以去解决。

弘治十六年（1503），有一个地方官请求王阳明为当地求雨，王阳明写了一篇《答佟太守求雨》，里面谈了对于求雨的看法。其中有这么一句话："孔子云：'丘之祷久矣。'盖君子之祷不在于对越祈祝之际，而在于日用操存之先。"这里用了《论语》里的一个事情，就是孔子病了，子路去向鬼神祈祷让老师快点好起来，孔子就说："我一直在祈祷啊，没有停止过。"王阳明的解释是，孔子的意思是时时刻刻心存诚意敬畏，就是在祈祷了，并不需要事到临头，才去烧香拜佛。这个解释，可以看作是知行合一的另一种说法。

王阳明心学的基本原则是先抓住根本，然后，一切都很容易，而这个根本，就是发自内心的行动。只要我们时刻在发自内心的行动之中，我们就可以把自己的潜能充分发挥出来。一旦人对自己诚实，对世界诚实，一旦每一个行动都是出自内心的热爱，那么，人的良知就会慢慢浮现。

伍 担当法则

佛怕父子累,却逃了父子;怕君臣累,却逃了君臣;怕夫妇累,却逃了夫妇。都是为了个君臣、父子、夫妇着了相,便须逃避。如吾儒有个父子,还他以仁;有个君臣,还他以义;有个夫妇,还他以别。何曾着父子、君臣、夫妇的相?

——《传习录·门人黄直录》

01　把生死放在一边，只做对的事情

平定南赣匪患之后，王阳明请求退休不成，升官至三品，继续留在江西。这一留，又遇上了宁王朱宸濠叛乱，却成就了王阳明一生中最大的一件事功。正德十四年（1519）六月十四日，宁王在南昌起兵造反。当时绝大多数官员采取观望态度，只有王阳明以很少的兵力，用计谋击败了宁王，保住了武宗朱厚照的江山。

七月三十日，王阳明写了《擒获宸濠捷音疏》和《旱灾疏》，上报朝廷。这两封报告到达皇帝那里时，正好是他御驾亲征的第五天。按照常理，收到王阳明的捷报，皇帝应该班师回朝。不承想，这个皇帝非常"奇葩"，收到这个捷报后，假装没有看到，继续向南进军。王阳明在八月十七日又上书，告知叛乱已经平定，请皇帝返回北京。

但令王阳明完全想不到的是，他的上书，让皇帝很不高兴。

皇帝身边的人，一群宦官，见到皇帝不高兴，更是有几个进言王阳明一定是和朱宸濠有勾结的，否则，他一个书生，也没有什么兵力，怎么能那么快打败朱宸濠？

因此，皇帝继续向南。王阳明手上抓着朱宸濠，却要等候皇帝御驾亲征。缘由只是皇帝一直有大将军的梦想，就好像我们今天的小孩，希望自己变身为变形金刚。皇帝还为自己另外取了一个名字——朱寿，并封朱寿为"大将军"。皇帝一直梦想着做大将军，而且能够做一个战功赫赫的大将军。宸濠叛乱，很难得的机会，皇帝一定要让"大将军朱寿"生擒宸濠。皇帝周围的人，为了让皇帝实现梦想，绝对不能让王阳明上报已经擒获朱宸濠的消息。他们一直对皇帝说，前方如何紧张，宸濠的军队如何横行之类，等着大将军去剿灭。

这就把王阳明置于非常尴尬又非常危险的境地。这件王阳明一生最大的功劳，给他带来的不是什么奖励，而是丧命的危险。

这正是明朝官场的一般情形：真正做事的人很少，皇帝身边的人基本都是在搞事，争着哄皇帝开心；而大多数人，只是在看热闹。

在明清时代，不论好官还是贪官，常常是只要做事，就会倒霉，重则灭九族，轻则流放发配。能够平安的，基本上都是无所事事的平庸官员。清朝有一个"不倒翁"官员传授"成功经验"："其实也没有什么，就是多磕头，少说话。"但这类平庸官员，为了皇帝的欢喜，不会放过任何一个说别人坏话的机会。

王阳明在平定朱宸濠之乱后，心情沉重。他在一首诗中说：

"世路久知难直道,此身那得尚虚名。"在这个世间要行正道,实在是太困难了。另有一首诗:

> 百战归来一病身,可看时事更愁人。
> 道人莫问行藏计,已买桃花洞里春。

心灰意冷,起了归隐的心。

但是,作为心学大师,不能束手就擒,也像孔子说的,君子不去陷害别人,但也不能被别人陷害。这个时候,王阳明找到关键的问题在哪里。然后,他利用了皇帝身边的宦官张永的力量,才让自己逃过一劫。

按照张永的设计,1520年七月,王阳明重新上报,把功劳全部归于大将军,以及皇帝身边的几个宦官。皇帝回到北京,举行了盛大的庆祝仪式。那些完全没有参战的宦官,得到了各种嘉奖。而王阳明,却受到很多同僚的嘲笑。

为什么朱宸濠叛乱的时候,大多数官员都在观望?因为从前的燕王,推翻了建文帝,成为永乐皇帝。宸濠的曾祖父朱权也是朱元璋的儿子,帮助过燕王夺取皇位。所以,宁王成为皇帝,不能说完全不可能。根据中国历史的经验,皇帝后裔之间争夺帝位,最后鹿死谁手谁也不知道,所以,一般的官员都是观望,都是看戏。

王阳明在这件事上显现了儒家的本色:道义原则优先。放下所有的利害关系,把生死放在一边,只做对的事情。如果宸濠成功，那么，王阳明的命运就是灭九族。事实上，当时宸濠成功的可能性很大，但王阳明还是义无反顾。

今天的我们看待这件事，会觉得很难理解。

第一，我们会觉得，王阳明冒着生命危险，去帮助那样一个昏庸的皇帝，值不值得？事实上，宸濠应该比朱厚照更有才华，换他当皇帝也许对老百姓更好一些。

第二，我们会觉得，那么多人在看热闹，只有自己在真正做事，却被不做事的人陷害，差一点丢了性命，值得吗？换作今天的年轻人，在单位里觉得领导不公平，觉得大家不做事，只有他自己在做事，基本上是拂袖而去。

但对于王阳明来说，不存在这个值不值得的问题，只存在我该不该做的问题。如果我觉得该做的，那么，即使千万人反对，我也一往直前；如果不该做的，就算让我做皇帝，我也坚决不做。

恰恰在这一次极其不公平的对待之后，王阳明在"知行合一"的基础进一步把自己的理论归纳为"致良知"。他在给朋友的信中说，越来越觉得致良知是"真圣门正法眼藏"，以前还有所怀疑，但经历了一番风浪，对于良知全然信仰，良知可以帮我们平安度过各种艰难险阻。

王阳明又对学生说，人人皆有良知，就算朱宸濠，也有良知，朱宸濠被俘后，请王阳明厚葬娄妃，因为娄妃曾经劝他不要造反，现在回想起来，娄妃是对自己最好的人。

《传习录》里反复宣说了两个意思：

第一，良知就是每个人的本性，天生就具有的东西，比如孟子说的,我们看到孩子掉在井里,会有恻隐之心。这个恻隐之心,就是良知。只是我们的私欲经常蒙蔽了我们的良知。所以,要修行,要"致良知"。

第二,良知是反求诸己,是在我们自己身上,不在别人身上。就像宁王之乱,王阳明冒着生命危险去平定叛乱,并不是为了皇帝,而是为了他自己,是因为他内心的良知要求他做一个君子,恪守为臣之道。又比如,孝顺父母,这个孝顺,并不在父母身上,而是在我们内心的孝的本性,所以,才会去尽孝,等等。

所以,皇帝再昏庸,王阳明并没有什么怨言,因为他不是为了皇帝,而是为了自己,为了尽到自己所处位置的责任。即使大家都不做事,即使大家都在做坏事,王阳明还是不会拂袖而去,还是会坚持做自己认为对的事情。

这是王阳明心学关于做人的第五个法则:担当。

这应该是王阳明最了不起,也是最具有古典精神的地方:从不趋利避害,而是义无反顾,做自己认为对的事情,有所担当。王阳明倡导良知,良知就是我们做人的种子,这个种子就在我们的内心,只要让我们的心变得纯粹,良知就会显现,只要知行合一,良知就会显现,只要有勇气去担当我们应该承担的责任,良知就会显现。

02　工作就是修行

王阳明早年有一段时间沉迷佛教、道教，但后来就抛弃了。他后来多次解释自己为什么抛弃佛、道。基本的原因是，他认为佛、道缺乏对于世间责任的担当。

王阳明批评佛家为了不为亲情所累，就远离父母，而在他看来，不想为亲情所累，恰恰应该充分地表现、承担亲情，也就是通过孝道，才是真正不为亲情所累；因为亲情就是我的良知，就是我的天性。

他对陆九川说：

"佛家担心父子关系是一种牵累，于是就逃避了父子关系，担心君臣关系是一种牵累，于是就逃避了君臣关系，担心夫妻关系是一种牵累，于是就逃避了夫妻关系，这些，都是执着于君臣、父子、夫妻的相，他才要逃避。我们儒家，有父子关系，就给予仁爱；有君臣关系，就给予忠义；有夫妻关系，就给予礼节。什么时候执着于父子、君臣、夫妻的相呢？"

毫无疑问，禅宗也罢，道家也罢，他们不喜欢这个尘世，就远离这个尘世。儒家其实也不喜欢这个尘世，从孔子到王阳明，中国的儒家都是现实批判者，都认为现实"礼崩乐坏"，只有从前尧舜禹的时代，是唯一的美好时代。但儒家不避世，恰恰这个世界不美好，所以更要深入这个世界，让这个世界变得美好。

王阳明有一次和学生感叹，退隐是容易的，但当官太难了。当官，要遵守很多潜规则，要卷入各种你死我活的权斗，如何保持自己的尊严？如何恪守自己的良知？如何保全自己的性命？非常不容易。

王阳明的价值，大概在于他做到了这个"非常不容易"。

王阳明心学在思维方式上深受禅宗的影响，但在应用上完全是两个方向，如果说禅宗是放下，王阳明的心学是拿起，是担当。因为强调担当，所以，王阳明又非常注重"事上练"，就是不逃避，在每件事情上去磨炼。我们可以在每一件事上学习，用现在的话说，工作就是修行。

03　拂袖而去很容易，难的是留下来

我在大学时，读《世说新语》，读到这么一段，说到张翰在洛阳"见秋风起，因思吴中菰菜羹、鲈鱼脍"，感慨："人生贵得适意尔，何能羁宦数千里以要名爵！"意思是人活着就要自在快活，何必为了当官跑到千里之外。说完，就辞官回到苏州老家，从此过着钓鱼、写诗、闲逛的美好生活。

年轻时候读这段文字，觉得张翰这个人真是潇洒，很酷。为了故乡的鲈鱼、莼菜，一个念想就辞了职，说走就走。后来，读更多的历史，发现潇洒后面，是并不轻盈浪漫的现世，是很沉重的人生考量。

张翰是东吴人，他父亲是东吴的高官。西晋灭了东吴，张翰，还有东吴的另外一些贵族，像陆机、顾荣、贺循等，都去了北方洛阳效忠新的王朝。张翰就在齐王司马冏的幕府里。齐王深陷西晋的权力斗争，大约让张翰感到了不安。他对同乡顾荣说："天下纷纷未已，夫有四海之名者，求退良难，吾本山林间人，无望于时久矣。"

这句话里的重点是"求退良难"。退一步海阔天空。好像我们不求上进，走投无路了，退一步总可以吧。大不了回老家卖红薯，总可以吧。但人生的残酷，是很多时候你想退都没有退路。陆机，一直在权力中心厮混，后来满门抄斩，临死时感叹："华亭鹤唳，可复得乎？"还能听到家乡鹤鸟的鸣叫吗？还能退回到从前吗？

关于陶渊明的归隐，我们熟悉的，是这样一个很洒脱的画面：他不愿意向上级领导低三下四，甩下一句"吾岂能为五斗米折腰"，就拂袖而去。然而，这个洒脱背后，也是很沉重的人生考量。陶渊明在《饮酒》第十七首里透露了消息："觉悟当念还，鸟尽废良弓。"在权力的世界，有才华的人要么沦为工具，要么被杀掉。所以，一旦觉悟了就赶紧离开吧。

陶渊明曾经在刘裕的手下当过幕僚。后来，刘裕当了皇帝。刘裕当了皇帝后，就把一些曾经帮助过自己的功臣给杀了。比如谢混、刘毅、诸葛长民等，这些人在讨伐桓玄的过程里，立下汗马功劳。但刘裕夺取权力后，这些人就成为刘裕的心头之患，一个一个把他们杀掉了。

诸葛长民临死前感叹："贫贱常思富贵，富贵必履危机。今日欲为丹徒布衣，岂可得耶？"意思是，在底层的时候总想着要富贵，而富贵总要经历种种危机，现在我多么想退回到从前在丹阳做普通人的日子。

还记得那个檀道济吗？刘裕当皇帝后，他去劝请陶渊明出来当官，说什么现在的皇帝多么英明，现在是多么繁荣的盛世，读书人应该出来服务社会。但几年后，他自己就被另一个英明的皇帝杀了。在陶渊明去世前后，他曾经的那些同事，一直留在权力世界的同事，要么被杀，要么进监狱，要么生活在不安、焦虑之中，只有他，在南山下喝喝酒，读读书，种种地，悠然自得。

秦朝的李斯，非常了不起的人物，擅长权术，最后却死于更善于玩弄权术的赵高。一家满门抄斩，临刑前他看着一同服刑的儿子，忽然悲从心来，怆然曰："吾欲与若复牵黄犬，俱出上蔡东门，逐狡兔，岂可得乎？"从前在上蔡，还是一个小官的时候，和儿子牵着黄犬，追逐兔子，多么快乐的时光。但是，再也退不回去了。

有一本讲中国谋略的书，分析李斯为什么败给了赵高，讲了赵高玩权术玩得多么厉害，总结了七八条经验，好像很厉害。但作者忘了一个关键的点，那就是，赵高以及他的女婿，在李斯之后，也被杀了。

从秦朝到清朝，中国的历史，就是一部权斗的历史，互相残杀，没有退路，而玩弄权术的人，最后大多死于权术。很多人崇拜的司马懿，处心积虑，父子三代靠着权术谋取了天下，然而，查查历史，看看他们的后代，互相残杀的残酷，真像地狱，至于末代的两位皇帝，连同皇后，被俘虏，被侮辱，最后合族被全部杀光。

只有像张翰、陶渊明那样的人，退出了舞台中心，到了太湖边钓鱼，到了南山下喝酒，像局外人那样看着舞台上的一出一出的戏，看尽权力的欲望如何带着一个一个的人，演出无路可退的人间悲剧。

而王阳明，坚持留在这个舞台上，在这个险恶的以权斗为核心的政治舞台上，以他的"良知"，完成了作为人的一生，为中国人的活法创造了一个不朽的典范。

04　阳明心学是一场伟大的社会运动

中国历代统治者都信奉儒家，把孔子奉为圣人。但在实际生活中，权力场的伦理和儒家其实格格不入，尽是虚伪狡诈。儒家推崇忠君，但君王大多残暴或昏庸。明代的君王，从朱元璋一直到朱由检，无不如此。历史学家黄仁宇分析这种情形，"断非个人的原因所得以解释"，根本原因在于"制度已至山穷水尽，上自天子，下至庶民，无不成为牺牲品而遭殃受祸"。

王阳明平定南赣叛乱，拯救了朱厚照的政权。但作为皇帝的朱厚照，不仅不感谢他，还差一点杀了他。皇帝身边的人，不仅不感谢他，还反过来诬陷他是宁王的同谋。事实上，王阳明的学生冀元亨，冒着生命危险，协助王阳明平定宁王叛乱，但最后，居然以通敌罪被捕入狱，冤死在牢中。王阳明却无能为力。

正德十六年（1521）朱厚照死了，明世宗嘉靖皇帝上台。这对于王阳明来说本是一件好事，但权力斗争的复杂在于派系的错综，利益的交织。一朝天子一朝臣，明世宗上台，按说会重用被前任皇帝冷落的人。但是，当年提拔王阳明去南赣平定叛乱的内阁大臣王琼，以及在平定宸濠叛乱中，帮助过王阳明的宦官张永，在新皇帝的权力洗牌中，都被洗掉了。王琼的对立面掌握了实际的权力。王阳明处于尴尬的境地。

结果是正德十六年（1521）七月，王阳明被任命为南京兵部尚书，是一个闲职。

过了几个月，朝廷又授予王阳明一个叫作"新建伯"的爵位，他的父亲、祖父可以追封，子孙世袭。这算是对于王阳明平定宸濠叛乱的奖赏。但接受不接受这个奖赏，王阳明很挣扎。因为当年很多跟着他平定叛乱的人，都遭到不公正的待遇，甚至进了监狱。如今只是王阳明一个人得到奖励，这很不公平。王阳明如果接受了这个奖赏，内心会很不安。所以，他一直推辞，但朝廷坚持要给他。

僵持不下的时候，王阳明的父亲王华去世了，按照古代的传统，王阳明要守孝三年。而这正是王阳明内心渴望的生活：在家乡讲学。守孝三年后，朝廷并没有任命王阳明新的职务，他又在家乡绍兴逍遥讲学了二年。

嘉靖六年（1527），朝廷突然又想到王阳明，任命他为都察院左都御史，不久又被任命两广巡抚，去平定广西思恩、田州两地的动乱。王阳明认定思恩、田州的"土匪"，其实是官逼民反，要解决的是"官"的问题，于是，他冒天下之大不韪，上奏皇帝，指出是从中央到地方政府官员的腐败，造成了民间的动乱。最终，他以招安的形式，和平地解决了动乱。同时，又以智取的手段，平定了附近瑶民的叛乱。

虽然又为朝廷解决了一件大患，但是，王阳明得到的仍然不是奖励，而是朝中大臣们的诸多猜忌。当朝廷在决定要不要对王阳明予以奖励的时候，只有一个叫霍韬的官员极力主张应该大大地嘉奖王阳明，以为这关系到国家的安危。但他的奏折，到了皇帝那里，只是得到了"知道了"的批复。最终在嘉靖七年（1528）9月，皇帝派了使者到广州，给了王阳明五十两银子的奖励。

王阳明对于是否得到皇帝或大臣们的肯定，其实早已经不在乎了。

从龙场悟道之后，那个皇帝在王阳明心目中，越来越不重要。研究王阳明的学者发现，王阳明在龙场悟道之后，尤其是平定南赣叛乱之后，很少以臣子的身份对于国家大事发表意见，他的上奏，都是因职位要求而不得不报的情况。

比较突出的有两件事。第一件是在正德十年（1515），正德皇帝命太监携盐引数万，大迎活佛，朝中官员纷纷上书劝止，王阳明也写了《谏迎佛疏》，但并未上书。后来，王阳明说自己之所以打算像众人那样上书，只不过是因为那个时候"尚有些子乡愿的意思在"。

第二件是"大礼议"之争。正德皇帝没有子孙，死后让他的堂弟继位，也就是明世宗嘉靖皇帝。世宗觉得不能不顾及自己的亲父亲，于是坚持要把自己的亲父亲兴献王追封为皇帝，引起大臣的争议。王阳明却沉默了。不久,他在一首诗中写了这么一句:"无端礼乐纷纷议,谁与青天扫宿尘。"

王阳明已经不像传统的儒家,把希望寄托于君王。那么,寄托于谁呢?他解释自己为什么要讲学,说过这么一段话:"诚得豪杰同志之士扶持匡翼,共明良知之学于天下,使天下之人皆知自致其良知……以跻于大同。"

王阳明把希望寄托于天下人,寄托于唤醒天下人的良知,人的觉醒。

他把传统儒家的"得君行道"的"君"改成了"个人"。所以,在学术界有一种说法,王阳明的心学,是儒家的一次自我革命。余英时先生称王阳明的心学,是"一场伟大的社会运动",并这样评价王阳明:

> 是要通过唤醒每一个人的"良知"的方式,来达成"治天下"的目的。这可以说是儒家政治观念上一个划时代的转变,我们不妨称之为"觉民行道",与两千年来"得君行道"的方向恰恰相反。他的眼光不再投向上面的皇帝和朝廷,而是转注于下面的社会和平民……这是两千年来儒者所未到之境。

王阳明不把希望寄托在皇帝身上,在中国历史的语境里,意义深远。只有个体自己对于自己承担责任,个体才会有希望,社会也才会有美好的未来。

05　担当的两难

王阳明的担当,是一种忍辱负重的担当,比起我们现代人讲的负责任,有不同的含义。而王阳明遭遇的这种忍辱负重式的担当,和中国历史的大环境有关。王阳明的这种个人遭遇,能够加深我们对于中国历史的理解;也让我们看到,个人在无法选择的时代,既有同流合污,也有随波逐流,也有归隐田园,而王阳明是忍辱负重前行。

现代人可能很难理解,王阳明在一辈子郁郁不得志的情况下,何以对于皇帝还如此忠诚?这个一定要放在中国历史的语境里,才能慢慢体会。《传习录》有一段陆澄和王阳明关于孔子正名的聊天,有助于我们理解儒家关于君臣关系的说法。

陆澄问:"孔子主张端正名分,先儒认为是向上告知天子,向下告知诸侯,废除辄而拥立郢。这种看法怎么样?"

先生说:"恐怕很难赞成这种说法。一个国君在位时对我恭敬尽礼,要求我辅佐他,我却先要废除他,哪有这样的天理人情?孔子既然答应辅辄为政,一定是辄已经能够做到认真听取意见,将国家托付给孔子。孔子真诚的德行,一定感化了卫君辄,使他知道不孝敬父亲就不能做人。辄必然痛哭奔走,前去迎接父亲归国。父子之爱是人的天性。辄若能切实悔悟反省,蒯聩怎能不受感动?假若蒯聩回来,辄把国家交给父亲治理,自己请罪。蒯聩已被儿子深深打动,又有孔子在中间诚心调解,当然也坚决不肯接受,仍然让儿子治国理政。群臣百姓也一定要辄为国君。辄于是公布自己的罪过,请示天子,告知诸侯,一定要把国家交给父亲治理。蒯聩和群臣百姓都赞扬辄能够悔过、践行仁孝的美德,请示天子,敬告诸侯,非要辄做他们的君主。于是,众人要求辄再当卫国的国君。辄无奈之下,用类似于后世尊立'太上皇'的方法,带领群臣百姓先尊奉蒯聩为太公,让他物质齐备、得到供养,然后才恢复自己的君位。这样一来,国君像个国君、大臣像个大臣、父亲像个父亲、儿子像个儿子,名正言顺,天下大治了。孔子所谓的'正名',或许就是这个意思吧!"

从这段话里,我们可以看出,王阳明之所以能够忍辱负重地尽责,有所担当,是要尽本分,就是臣子要像个臣子。但是,如果我们了解卫国蒯聩和他儿子辄的事情,就会发现,王阳明用了美好的愿望,掩盖了真相。或者说,他不愿意去深入思考这个真相。因为这个真相会瓦解他的信念。我们先看历史上卫国的蒯聩和他儿子辄到底发生了什么。

蒯聩是卫灵公的儿子。卫灵公的夫人就是很有名的南子。孔夫子曾经去见过南子。有一种说法是蒯聩和南子有矛盾，想要杀南子，事情败露，就逃到了宋国，后来投奔赵国。公元前493年，卫灵公去世，本来应该是蒯聩的弟弟郢继位，但郢认为王位应该是哥哥的，哥哥出事了，就应该让哥哥的儿子辄（卫出公）继位，这样，辄就当了国君。蒯聩看到儿子当了国君，就想回国，儿子卫辄却不想他回国，派出军队阻击其父蒯聩，蒯聩跑到宿地自保。后来，蒯聩串通了卫国大臣孔悝的一个仆人，叫浑良夫，胁迫孔悝召集其他大臣发动政变。这样，辄逃奔鲁国。蒯聩成为卫庄公。这就是一个父子争夺王位的故事，历代都有讨论孔子是如何看待这件事的。这件事也包含了儒家在"忠君"这件事上遇到的深层次矛盾。

这一切的后面，是君王和臣子的关系。王阳明和陆澄讨论卫国父子相争，是一个特别能说明问题的案例。这个案例在《论语》里孔子的弟子和孔子讨论过。"冉有曰：'夫子为卫君乎？'子贡曰：'诺，吾将问之。'入，曰：'伯夷、叔齐何人也？'曰：'古之贤人也。'曰：'怨乎？'曰：'求仁而得仁，又何怨？'出，曰：'夫子不为也。'"

陆澄和王阳明讨论的就是《论语》的这一段对话。当时蒯聩攻打卫国，冉有就问子贡先生会不会帮助卫国的君王。当时卫君是辄。然后，子贡就去问孔子："伯夷、叔齐是什么人？"孔子说："那是古代的贤人啊。"子贡说："他们埋怨过什么吗？"孔子说："他们只要求得心安，心已安了，又有什么好埋怨的？"然后子贡就出去对冉有说:"老师不会帮助卫君。"

这一段话,有很多争议。按道理,当时是父亲蒯聩和儿子辄在争夺王位,孔子既然说不帮助辄,那么,就是帮助蒯聩。但在《春秋公羊传》里,旗帜鲜明地谴责了蒯聩,把辄看作是卫国的正统的继承人,认为辄对于蒯聩的抗拒是合理的。《论语》和《春秋公羊传》都是儒家的经典,为什么在这一件事上好像有矛盾的说法?

这里面涉及孔子学说的两个基本点,一个是忠君,一个是孝道。卫国蒯聩和辄的事件,复杂性在于,按孝道来说,蒯聩是父亲,那么,儿子辄应该遵循孝道,不应该和父亲争斗;但是,按照忠君来说,辄是君王,蒯聩不应该反对自己的君王。这是一个两难。子贡不想直接问卫公的事,于是借问伯夷、叔齐是什么人。

伯夷、叔齐,是商朝时候孤竹君的两位王子。伯夷为长子,叔齐是三子。孤竹君年老的时候,立了三子叔齐继承王位。但父亲去世后,叔齐坚决不愿意做国王,让给他的哥哥伯夷。但伯夷认为一定要遵循孝道,要听父亲的,也坚决不肯做国王。两个人都不愿意当国王,都逃离了自己的封地。路上他们遇到了。听说周地的文王有德行,就想去那里看一下。结果到了周的边境,才知道文王已经去世了。而周武王正在带领军队去讨伐商。两个人就去见了武王,拦住了武王的马,质问:"父死不葬,爰及干戈,可谓孝乎?以臣弑君,可谓仁乎?"周武王想要殴打他们,姜太公制止了,说这是有道义的人。不久,周灭了商,他们不食周粟,隐居在首阳山,因为没有东西吃,饿死了。

孔子很推崇他们两个人，说："他们求仁而得仁，没有什么遗憾的。"后来又进一步说："齐景公有马千驷，死之日，民无德而称焉。伯夷、叔齐饿于首阳之下，民到于今称之，其斯之谓与？"

《论语》里和《春秋公羊传》里对于蒯聩和辄父子的评论好像矛盾，其实，并不矛盾。孔子对于他们两人都不赞同。所以，他回答子贡时，讲了伯夷、叔齐。孔子心目中，理想的境界应该是伯夷、叔齐的做法，对于王位相互谦让，遵循孝道，也遵循为臣之道。所以，王阳明对于这一段的解读，应该是符合孔子原意的，也讲出了孔子关于忠孝思想的另一个前提，就是正名，忠孝的实行在正名的前提下才有意义。什么意思呢？就是君王一定要像个君王，父亲一定要像个父亲，臣子一定要像个臣子，儿子一定要像个儿子。"君君、臣臣、父父、子子"，以君臣父子礼待之，前提必须是受礼之人是合格的君臣父子，以及通过行礼使得君臣父子更像君臣父子。礼首先是相互的责任、教育和提高，然后才是权利和权力。所以，儒家里的礼，某种程度上是超越了血缘关系，又超越了世俗的契约关系，是一种人与人之间最高的境界。

只有在这种境界里，忠君和孝顺父亲，才是成立的。孔子留恋三代，喜欢周制，是因为在那个年代，这种正名在现实里是一个基本常识。但到了春秋战国之间，这种传统开始消失，出现越来越多像蒯聩和辄这样的父子。所以，当孔子说伯夷、叔齐的时候，他委婉地表达对于蒯聩和辄父子俩的否定，他希望出现的是伯夷、叔齐这样的人。

陆澄提到孔子主张端正名分，先儒认为是向上告知天子，向下告知诸侯，废除辄而拥立郢，有一定的依据。根据历史记载，太子郢是蒯聩的弟弟，蒯聩逃跑后，由他继承王位也是合理的，但他谦让了，有伯夷、叔齐的风格。推测起来，孔子应该会支持他。但王阳明另有一番推测，就是孔子最想看到的，是蒯聩和辄相互推让一番，然后还是辄做国王。

这些推测，应该说有一定道理。但真正的问题在哪里呢？无论孔子讲伯夷、叔齐，还是王阳明推想中的父子谦让，都是一种奢望。从前的美好早已凋零，现实一片破败。你面对的就是蒯聩和辄这样的君王，所以，真正的问题是：当你面对这样的君王，作为一个儒者，你怎么办呢？

孔子的做法有两个要点，一个是知其不可为而为，另一个是退隐，就是不论君王多么糟糕，我还是坚持臣子的本分，不反抗，只是退隐，做自己该做的事。孔子说："道之不行也，我知之矣：知者过之，愚者不及也。道之不明也，我知之矣：贤者过之，不肖者不及也。""道其不行矣夫。"

在现实空间十分狭窄的夹缝里，在类似如何对待蒯聩和辄父子的两难处境里，孔子抽身而出，去修《诗》《书》，正《礼》《乐》，赞《易》，订《春秋》，通过经典书写来从容不迫地为未来开辟道路。

总之，孔子的办法就是非暴力，只求自己心安。不论环境怎么样，还是坚持做好自己，但绝对不去僭越自己的本分。这是孔子的做法，那么，王阳明怎么办呢？

06　身不由己和个人选择

孔子理想中的君臣关系，在他那个时代，就已经很少见。孔子尚可选择退隐，但像王阳明，生活在明代，多少有点身不由己。唐朝的韩愈羡慕春秋战国时代：一个知识分子，如果在这个国家得不到尊重，可以去别的国家，就像孔夫子可以到处跑，到处讲学。但秦朝以后，是统一的国家，你只能在这一朝里生活，没有其他地方可以去。明朝更是如此，连辞职都要皇帝批准。王阳明几次请辞都得不到允许，去做什么官也不是自己可以选择。

但每一个人面对时代的堕落、混乱，都不一定能像孔子那样。在卫国父子争夺王位的事件中，子路就没有像孔子那样。子路在去卫国当官之前，询问孔子如何治理国家，孔夫子就讲了一通"正名"的道理，子路不以为然，觉得自己的老师有点迂腐，脱离现实，然后就去卫国大夫孔悝那里做总管。蒯聩和孔悝联手赶走辄的时候，子路本来可以逃跑。有人劝他大局已定，没有必要再回去，但子路说，吃别人的俸禄，别人有难的时候不该逃避。有人觉得子路很傻，但在子路看来，这是在尽责。王阳明虽然没有杀身成仁，但他一生的遭遇和子路有一点像，侍奉的国君都是不称职的。但他们没有别的想法，只是尽到自己的责任，哪怕忍辱负重，也要尽到自己的责任。

面对国君不称职的情况，很为难，好像只有两个办法，要么像孔子那样退隐，要么像子路那样尽职。按照孔子的思路，"君使臣以礼，臣事君以忠"，君王以礼对待臣子，臣子就以忠诚对待君王。如果国君不像一个国君呢？孔子只是说："道不行，乘桴浮于海。"潜台词是，假如国君不像个国君，我也不会去抗争，我还是会守住臣子的本分，但会以退为进。

后来的孟子，不太赞同孔子的说法。孟子有一个很大胆的观点："君使臣以无礼，臣事君可不忠。"假如君王对我无礼，那我对他也不会忠诚。有一个著名的对话，发生在齐宣王和孟子之间。齐宣王问曰："汤放桀，武王伐纣，有诸？"孟子对曰："于传有之。"曰："臣弑其君可乎？"曰："贼仁者谓之贼，贼义者谓之残，残贼之人谓之一夫。闻诛一夫纣矣，未闻弑君也。"

孟子的这一段话，揭示了中国古代政治里权力更替的一个结，从战国到秦朝到清朝，都没有解开的一个结。《史记》和《汉书》都记载的一个故事，非常能够说明症结在哪里。据《史记》和《汉书》，辕固生与黄生有一次辩论。辩论什么呢？就是如何看待商汤王灭掉夏朝和周武王灭掉商朝。黄生认为："汤武非受命，乃弑也。"意思是商汤王和周武王是弑君，是大逆不道。辕固生的看法和孟子一样，认为商汤王灭夏和周武王灭掉商，都是顺应了民意，也就是天意，是顺天而为。但黄生还是不同意，认为不管怎么说，不管国君有多么不好，造反就是不对。辕固生一句话回应过去，黄生就蒙了，完全不知道怎么回答。辕固生说："必若所云，是高帝代秦即天子之位，非邪？"意思是按照你这个说法，那么，本朝的高祖，就是刘邦不应该推翻秦朝。

从秦朝到清朝，每一朝的统治者都提倡儒家的三纲无常，造反是绝对不道德的；但另一方面，每一个朝代又是造反获得权力。本来，按照孔子的设计，君王应该是德行充沛、君临天下的人，但在后世，大约在孟子时代就开始了，君王往往德不配位。儒家在实践上的困难，就在于那一套忠孝原则，面对德不配位的君王，如何实现？孟子的"民本思想"在某种程度上是对孔子的一个补充。一方面，把对君王的要求具体化为顺应民意，重民轻君。另一方面，为朝代的更替找到了理由，就是当君王变成独夫的时候，臣子就可以不忠于他，推翻他。所以，一般统治者获得天下后，往往不喜欢孟子，朱元璋甚至想把孟子从太庙里赶出去。

从《传习录》看，在君臣关系，以及对于朝代更替，也就是该不该造反或革命的看法，王阳明迷恋的是原始的儒家，就是孔子本人的看法，而不是孟子的看法。孔子是一个理想主义者，是一个怀旧的理想主义者，而孟子是一个现实主义者。王阳明和孔子不一样，处在明代险恶的官场，却仍然秉持着孔夫子那一套理想主义。是什么样的力量支撑着王阳明做到尽职，做到无怨无悔？

07 在现实政治之外找到更宏大的天地

孔子最向往的是三代,尧、舜、禹,不是世袭制,而是贤人政治,尧并没有传位给儿子丹朱,而是禅让给舜。后来变为世袭制,孔子对此描述了一种理想秩序,君君臣臣,君臣各守自己的本分。但在实际的政治生活里,这种理想秩序几乎很少出现,大多数情况,中国的臣子,或者说士大夫,面对的是很不堪的君王。就像王阳明所拯救的那个正德皇帝朱厚照。

面对腐败的君王,怎么办呢?孟子的看法是臣子没有必要忠于德不配位的君王,可以起而革命。在古代中国,孟子可能是最具有现代意识的思想家,比孔子走得更远。孔子是一个温和的人,道不行,就坐着船去海上漂流。我讲的,你不听,就算了,我就去做自己应该做的事。孔夫子之所以有这种气度,是因为他那个时代有相对的自由度,同时,贵族精神还没有完全消失。

孟子的时代，贵族精神已经被破坏得差不多了。君臣关系在他看来，更多是一种契约关系。"君有大过则谏，反覆之而不听，则易位。""君之视臣如手足，则臣视君如腹心；君之视臣如犬马，则臣视君如国人；君之视臣如土芥，则臣之视君如寇仇。"在谈到革命的合法性依据时，孟子主张："民为贵，社稷次之，君为轻。"用现在的话来说，一切都看老百姓满意不满意。

孟子的这种民本思想，在后代，一方面不被统治者提倡，另一方面，也被知识分子忽略了。知识分子看重的是孟子的心性说，像理学、心学，都从孟子的心性说里获得不少营养。客观上，中国的士大夫在皇帝独裁的体制下，也很难实践孟子的民本思想。

像王阳明那样的士大夫，遵循的还是孔子、子路的传统，坚守自己的本分和职责，不僭越。但现实如此不堪，他们靠的是什么，支撑着他们宁愿死也要尽责？王阳明那么坎坷，还是痴心不改，对于皇帝还是保持忠诚，靠的是什么呢？

王阳明曾经说过这么一段话："知我者谓我心忧，不知我者谓我何求。我本心不愿意和朱熹的学说抵触，但又不得不这样做，是因为圣道原本如此。您说我是'一定要与朱熹的学说对立'，其实并非我一定要和朱熹学说唱反调，而是我不能欺骗我自己。道，原本是天下公有的道；学，原本是天下公有的学，并不是朱熹个人私有的，也不是孔子个人私有的。对天下公有的东西，只得秉公而论。所以，正确的言论，即便与自己的见解不同，也对自己有益；错误的言论，即便与自己的见解相同，也对自己有损害。对自己有益的，一定会喜欢它；对自己有害的，一定会厌恶它。

那么，我今天所讲的即使与朱熹不同，未必不是他所喜欢的。君子的错误，就好像日食和月食，改正了之后，人人都会敬仰。但是小人对于自己的过错，一定要掩饰。我虽然还不够贤明，但怎么敢用小人的心态去对待朱熹先生呢？"

这一段话，王阳明辩解自己为什么非要说朱熹学说的不对。原因是不能欺骗自己，对天下公有的东西，只能秉公而论。道和学不是私有，即使孔夫子，也不能占有这个道和学。所以，王阳明的意思是，他有一种使命，必须捍卫这个公有的道和学。

王阳明这种使命意识，是他能够在忍辱负重中坚持下去的精神力量。这种使命感，用宋朝张载的话，就是"为天地立心，为生民立命，为往圣继绝学，为万世开太平"。这句话王阳明多次提到，应该是铭刻于心。这种使命感的形成，得益于中国文化中"道统"的建立，而这个道统的建立，恰恰是王阳明批评的朱熹起了很大的作用。

按照儒家的理想，一个士大夫应该齐家治国平天下，应该君君臣臣，但现实里却是残酷的权力斗争、各种形式的改朝换代，很少遇到明君。怎么办？士大夫的价值在哪里呢？唐朝韩愈《原道》里，构建了另外一个体系，这个体系里，不是我们现实历史的传承。从夏商周到秦朝、汉朝、魏晋南北朝、唐朝，是尧、舜、禹、周文王、周武王、孔子、孟子代表着中国儒家的法统，这个法统，到孟子就断了。所以，后来的知识分子就以恢复这个法统为己任。到了宋朝的朱熹，把这个法统正式叫作"道统"。总的来说，道统的基本观点是，儒家传道的脉络上接尧、舜、禹、汤、文王、武王、周公，到了孔子形成儒家学派，再传至子思、孟子。后代的儒家知识分子，都以维护和继承这个道统为自己的使命。

道统的说法，是王阳明以及中国士大夫的使命感的来源。这个使命感的核心，就是前面张载说的那句话。王阳明提倡心学，无非也是要恢复世道人心。这种使命，让王阳明，以及有理想的士大夫，在残酷的权力斗争之外，在现实政治的空间之外，也就是政统之外，找到了更宏大的天地。在这个意义上，儒家确实具有了宗教的意义。当然，按照陈寅恪先生的说法，韩愈提倡儒家的法统，是受禅宗的影响。实际上，魏晋南北朝之后，儒释道在中国很难分开，尤其是唐宋，基本是一种相互融合的思想范式。

值得一提的是，中国历代统治者，以及整个社会，对于道统，还是有基本的尊重的。这是中国政治的特色。在道统的体系里，士大夫重视的是自己内心的修养、个人的德行、社会人心的净化。

中国文化经历那么多的灾难而屹立不倒，和中国的道统话语有关。道统赋予了中国士大夫使命感。《论语》里曾子有一句话激励了无数中国读书人："士不可以不弘毅，任重而道远。仁以为己任，不亦重乎？死而后已，不亦远乎？"读书人不可以不弘大而强毅，因为他责任重大，道路遥远。把实现仁义作为自己的责任，难道还不重大吗？奋斗终身，死而后已，难道道路还不遥远吗？

08　王阳明使命感的内在逻辑

王阳明的使命感，建立在他站在道统立场上对于历史的判断。这个判断是支撑他使命感的内在逻辑，他的判断完整体现在《答顾东桥书》里的一段论述：

"自夏、商、周三代之后，王道衰落而霸道盛行。孔子、孟子去世后，圣学衰败而邪说横行，教的人不再教圣学，学的人不肯再学圣学。行霸道的人，偷偷用和先王相似的东西，借助外在的知识技能来满足私欲，天下的人还纷纷崇拜他们，圣人之道就荒芜阻塞了。人与人之间相互效法，每天所关心的只是富强的技巧、倾诈的阴谋和攻伐的战略，以及一切瞒天过海、得逞一时获取功利的手段。比如管仲、商鞅、苏秦、张仪这种人，简直数不胜数。时间久了，人与人之间的斗争、掠夺，祸患无穷；人与禽兽、夷狄几乎没有两样，连各种霸术也行不通了。

"于是，世上的儒者（知识分子）感慨悲痛，他们搜寻从前圣王的典章制度，在焚书的灰烬中拾掇修补，想要恢复先王的仁道。但是，距离圣学的时代太遥远了，霸术的广泛流传已造成不可磨灭的影响，即便是贤慧之人，也不免深受霸术的影响。这些儒者对于圣学宣扬修饰，以求在现实生活中重新发扬光大，然而，他们所作的努力反而增加了霸术的势力范围，甚至连圣学的踪影都不见了。于是，产生了训诂学，为了名誉而去传授讲课；产生了记诵学，为了显示博学而谈论不休；产生了辞章学，为了文采华丽而铺张夸大。这些人沸沸扬扬，竞相在天下争斗，不知道有多少家！

"面对众多流派，人们无所适从。世上学习的人，如同走进了百戏同演的剧场，处处都是嬉戏跳跃、竞奇斗巧、争妍献笑之人，观看的人瞻前顾后，应接不暇，致使耳聋眼昏，神情恍惚，成天在那里胡乱转悠，乐不知返。他们仿佛精神失常，连自己的家都不知道在哪里了。这个时候，君王们也沉迷于这类学问，终生从事无益的虚文，不知道自己到底在说什么。有时，有人识得这些学问的荒谬怪诞、零乱呆滞而卓然奋起，想有所作为，但他们所能做到的，也不过是像春秋五霸那样富国强兵、建立功业、追逐功名的霸业而已。

"圣人的学问，离我们越来越远，越来越晦暗，而功利的习气，却一天比一天兴盛。这中间，虽然也有人推崇佛家和道家，但佛家和道家的学说最终还是不能消除人们的功利之心。虽然也有人试图综合儒家的各种主张来调和折中，但儒家的各种主张最终也不能破解人们的功利之见。今天，功利的流毒，已深深渗透到人的灵魂里，积习成性，已有几千年之久。

"人们在知识上彼此炫耀，在权势上彼此倾轧，在利益上彼此争夺，在技能上彼此攀比，在声誉上彼此竞取。那些从政为官的人，主管钱粮还想兼事军事刑法，主管礼乐还想兼事官员选拔；身为郡县长官，还想提升到藩司和臬司；身为御史，又窥视着宰相这一要职。本来应该是不能做某件事，就不能担任兼管那件事的官；不通晓那一方面的知识，就不能谋求那方面的名誉，但实际上，记诵的广博，恰好滋长了他们的傲慢；知识的增多，恰好让他们去为非作歹；见闻的广泛，恰好使他们恣意狡辩；辞章的华丽，恰好掩饰了他们的虚伪做作。因此，皋、夔、稷、契不能兼做的事情，现在，刚入学的小孩子都想通晓他们的主张，穷尽他们的方法。他们打出的幌子，都是为了什么天下共同的事业，但真正的意图，却是以此为幌子来满足自己的私欲，实现他们的私心。

"唉！以这样的积习，以这样的心志，又讲求这样的学问技能，当他们听到我说的圣人的教诲时，就把它当成累赘和迂腐的学说了；他们认为良知并不完美，认为圣人的学问是无用之术，这也是必然的了。

"唉！生活在这样时代的知识分子，又怎么能求得圣人的学问？又怎么能讲明圣人的学问？知识分子生在这样的时代，以修学为志业，不也是太劳累，太拘泥，太艰难了吗？唉，真可悲啊！万幸的是，人心中的天理始终不会泯灭覆没，良知的光明，万古如一日。那么，听了我所讲的正本清源的主张，有识之士，一定会恻然而悲，戚然而痛，拍案而起，就像江河决堤的河水势不可当！如果没有豪侠之士自觉勇敢地奋起，我还能寄望于谁呢？"

这一段论述，王阳明是站在道统的立场上对于中国的历史做了一个归纳。在他看来，尧、舜、禹之后，王道衰落，霸道盛行；孔孟去世之后，圣学衰落，各种邪说横行；人们只是在形式上炫耀，却远离了圣学的本质；虚伪之风、功利之风泛滥。正是基于这样的判断，王阳明把自己放在历史的长河里，找到了他自己应该肩负的责任。

09　良知乃吾师

王阳明晚年在去广西平乱之前，写过一首诗叫《长生》："长生徒有慕，苦乏大药资。名山遍探历，悠悠鬓生丝。微躯一系念，去道日远而。中岁忽有觉，九还乃在兹。非炉亦非鼎，何坎复何离。本无终始究，宁有死生期？彼哉游方士，诡辞反增疑。纷然诸老翁，自传困多歧。乾坤由我在，安用他求为？千圣皆过影，良知乃吾师。"

大概的意思是，年轻的时候渴望长生不老，却苦于找不到药方。到名山大川去寻找探求，不知不觉时间流逝。忽然反省，虽然自己一心求道，却好像离道越来越远了。到了中年才真正明白，九转还丹原来不需要向外寻求，天地万物既然和我同为一体，又何必担心人生的短暂呢？道士们的话不足为凭，儒生们也只是在文字里打转。天理只在我的心里，不必向外寻求，圣人留下的有形的东西像影子一样过去了，只有心中的良知才是真正的老师、万事万物唯一的衡量标准。

在这首诗里，王阳明把自己放在道统的谱系里，反思总结了自己的成长。《传习录》以及王阳明其他的作品，都有这种特点，即他很少提及自己现实生活中的做官经历，更关注的是和现实政治不太一样的道统，也就是人心。因此，致良知成为王阳明一生唯一的人生目标，在这个目标之下，世俗生活的一切，都显得很渺小。

王阳明心学的核心，是种子法则，你首先要立志，要成为一个圣人。只有找到了良知这颗种子，你才获得了完善的人格。这是王阳明心学的一个法则。这个法则可以延伸为，我们做任何事情，都要提醒自己，一定要回到本原。做任何事，如果连接了本原，就可以生生不息。那么，如何挖掘良知呢？去你的心里，没有必要向外寻求，要从你心的本体上去发现并培植自己的良知。这是王阳明心学的第二个法则，心灵法则。任何时候，我们应该提醒自己，要回到自己的内心。如何回到自己的内心呢？王阳明沿用了禅宗的一个比喻，心就像镜子，我们之所以失去了心，并不是心离开我们了，而是蒙上了灰尘，所以，只要把灰尘去掉，心就可以明亮，你就可以回到自己的心。灰尘是什么呢？就是各种自私的欲望，以及各种杂念。这是王阳明心学的第三个法则，纯粹法则。任何时候，我们都应该提醒自己，成长的过程，是一个不断做减法的过程，不断清除掉杂质、多余的东西，心的本体就会显现。那么，如何纯粹呢？不是在思考和想象之中纯粹，而是在行动之中，只有在一个一个具体的行动之中，心才能真正变得纯粹。这就是王阳明心学的第四个法则，行动法则。任何时候，我们都应该提醒自己，每时每刻都在发自内心的行动之中。那么，如何行动呢？不是做了事就是行动，而是承担责任，有所担当。这就是王阳明心学的第五个原则，担当原则。任何时候，我们都应该提醒自己，我们活在这个世界上，负有自己使命，所以，在有所担当的行动之中，我们就可以找到良知。

所以，王阳明心学主要是围绕格物、致知、诚意、正心这四个条目建立起来的行动哲学，最终可以归纳为三个字：致良知。又可以简单地表述为，一个人每时每刻都应该去做他应该做的事情，做天理让他做的事情。

王阳明翻来覆去讲了一个意思，就是天地之间只有这一件事而已。有一次他对学生说："圣贤讲学，常常是因具体的时事而发，虽然他们所说的好像各不相同，但其中的根本功夫却是一致的。因为天地之间，原本只有这个本性，只有这个天理，只有这个良知，只有这一件事而已。因此，凡是在古人论学上说功夫，就不用再掺杂搭配，自然就会融会贯通。如果需要掺杂搭配地讲解，那是因为自己的功夫还不够纯熟。"

10　此心光明，亦复何言？

嘉靖七年（1528）正月，五十七岁王阳明平定了广西思恩、田州之乱。九月，冯恩奉钦赐至广州，赏思田之功。十一月，王阳明病重，上疏请告，被桂萼压住；启程返家。1528年十一月二十九日午时，船停靠在青龙浦，王阳明把周积叫到身边，很久才睁开眼睛说："吾去矣。"周积问老师有什么遗言，王阳明回答："此心光明，亦复何言？"然后就去世了。留给世界最后的一句话是：我的心一片光明，有什么好说的呢？

王阳明去世了，但朝廷里仍然有人上书皇帝，认为王阳明在广西不经过同意就回家，是擅离职守。又批评他在广西处理军务不当，等等。世宗皇帝最后的结论是，保留王阳明新建伯的爵位，但不准世袭给子孙，又认定王阳明心学是伪学，严令禁止。一直到38年后，世宗皇帝死了，继位的穆宗皇帝才下达了给王阳明平反的诏令,追封王阳明为新建侯。到明神宗万历十二年(1584),王阳明的牌位被放进了孔庙,得到了儒家最高的荣誉。

站在今天看待王阳明,可以说这是一个儒家道统的捍卫者,也是中国精神的一个象征性人物。在我看来,从先秦到近代,构建中国人精神基础的六个经典人物是:孔子、孟子、老子、庄子、墨子、惠能。体现了中国人精神的六个代表人物是:屈原、陶渊明、鉴真、苏东坡、王阳明、曾国藩。

这六个人中,王阳明的特点在于他是一个杰出的思想家,同时又是一个杰出的政治家和军事家。所以,后来很多人崇拜他。他的心学,不是空谈,不只是理论思辨,而是实际的生活实践。他的一生,一直在探索,学习过佛学,也学习过道家,最后归于儒学,但和传统的儒家,已经不完全一样。虽然王阳明批评佛学和道家的超脱尘世,但他的思想里,有很多佛学,尤其是禅宗的思维方式。比如,人人都是圣人,和佛学里人人有佛性相近,再比如,关于性、心、理之间的关系,他的论述和《坛经》里六祖惠能的论述,十分相近。

在个人的自我修为上,王阳明心学具有巨大的实用性。王阳明心学主张不要死守典籍,而要回到自己的内心,挖掘内心的良知,按照这个良知去做事。《传习录》里王阳明有一次说:如果我遵循了我内心的良知,觉得这个事情不应该做,那么,即使孔子说过可以做这个事,我也不会去做。这个意思,用今天的说法,大概是,做自己认为对的事,也多少是自我意识的觉醒。另一个点就是"知行合一",就是强烈的行动性。不要空谈理论,不要空有梦想，而是要切实地做事，要把理论、梦想、人格都融入日常的事情之中。还有一个点就是坚韧性，不论遭遇什么，即使所有人都反对，都始终相信自己的良知，始终一往直前。

这些都是个人修为层面上的。今天，王阳明心学的意义，更多的还是在个人层面。明白这一点特别重要，其实不仅王阳明心学，包括儒家整体的学说、老庄、禅宗等，在现代社会里，它们的有效性基本限于个人层面。在今天这样一个科技日新月异的时代，一个焦虑不安的时代，王阳明心学对于应对时代的变化、应对理想和现实的矛盾、应对理论和实际的脱节等等，都具有参考性和指导性，是个人获得内心力量的重要思想资源。

今天我们生活的环境，信息泛滥，概念层出不穷，如果我们对于生命没有自觉，很容易跟着信息、概念走，活在五花八门的信息和概念里。如果我们学习王阳明"致良知"的方法，总是修炼自己回到良知，回到我们的本原，那么，就不会被这些信息、概念带走，而是带着这些概念、信息走，这个世界就是我们自己的一部分，为我们自己所用。

11　最后的书信

嘉靖七年（1528）十月，王阳明于广西寄出这封书信：

得书，见近来所学之骤进，喜慰不可言。谛视数过，其间虽亦有一二未莹彻处，却是致良知之功尚未纯熟，到纯熟时自无此矣。譬之驱车，既已由于康庄大道之中或时横斜迂曲者，乃马性未调，衔勒不齐之故，然已只在康庄大道中，决不赚入傍蹊曲径矣。近时海内同志，到此地位者曾未多见，喜慰不可言，斯道之幸也！贱躯旧有咳嗽畏热之病，近入炎方，辄复大作。主上圣明洞察，责付甚重，不敢遽辞；地方军务冗沓，皆舆疾从事。今却幸已平定，已具本乞回养病，得在林下稍就清凉，或可瘳耳。人还，伏枕草草，不尽倾企。外惟浚一简，幸达致之。

意思是说，来信收到，看到你最近在学问上大有进步，欣喜难以言表。认真阅览数遍，其中还有一两处不太透彻，那只是因为致良知的功夫尚未纯熟，当功夫纯熟时，这种现象自然会不复存在。就像赶马车，已经行走在康庄大道上，有时会出现迂回曲折，那是由于马性还未调养好，或者是缰绳马勒还不够整齐，但已经在康庄大道之上，绝不会出现受骗进入旁门小道的问题。海内诸多同道中达到您这一步的还不多见，我甚感欣慰。这正是圣道的一大幸事。从前我就有咳嗽怕热的疾病，近来在炎热的地方，病情复发得更厉害。皇上英明洞察，托付的责任重大，又不敢推辞。地方上的众多军务，我都是带病处理的，好在如今动乱已经平定，我向皇上呈请回家养病，如能在家乡避暑，也许能够痊愈。我即将返乡，伏枕写信，诉不尽倾慕和企盼。另外，有一封信给陈九川，请代为转达。

这封信是王阳明给好友聂文蔚的第二封信，也是王阳明的绝笔书信。这封信里，王阳明提到向皇上呈请回家养病，实际上，当时皇帝还没有批准。在如何对待王阳明这件事上，朝廷有所犹豫和顾虑，但和上一次平定宁王叛乱一样，立了大功的王阳明反而受到打击压制。王阳明应该对于自己的身体非常担心，所以，在朝廷还没有批准情况下，他就自己启程，急切地想回到余姚，但不幸在途中去世。

这封信里，王阳明关心的还是良知。认为学生在某些地方认识不够透彻，是良知不够纯熟，所以，还是要不断修炼自己致良知的本事。只要致良知，就像马走在康庄大道上，绝对不会再去走旁门左道了。方向对了，只要坚持往前走就可以了。其中还提到学生的进步是圣道的一大幸事。注意一下，这里用了"圣道"这个词。王阳明称赞学生，不像我们现在，说他钱赚得多，官做得大，而是在圣道上有没有长进。前面我们已经提到过，中国士大夫在残酷的现实里，构建了另外一个道统，讲的是圣道，不看重你官当得有多大，而是看你的修养有多好。这就是王阳明的官当得并不大，在当时却有那么多人追随他的原因。

跋 一件事点亮一生

晚年王阳明写信给儿子,总结自己一生讲学:"我平生讲学,只是'致良知'三个字。"

写给学生的《咏良知四首示诸生》这样说:

个个人心有仲尼,自将闻见苦遮迷。
而今指与真头面,只是良知更莫疑。

问君何事日憧憧,烦恼场中错用功。
莫道圣门无口诀,良知两字是参同。

人人自有定盘针,万化根原总在心。
却笑从前颠倒见,枝枝叶叶外头寻。

无声无臭独知时,此是乾坤万有基。
抛却自家无尽藏,沿门持钵效贫儿。

学生南大吉做绍兴知府的时候,有一次问王阳明:"我做官一定犯过很多错误,您为什么从来没有提醒过我?"王阳明就问:"你犯过什么错呢?"南大吉就把自己的错误一一列举了出来。王阳明听完,就说:"这些我都提醒过你啊。"南大吉很吃惊,说:"老师您可能记错了,这些您真的没有提醒过我。"

王阳明就问:"如果我没有提醒过,那你是怎么知道自己犯了错呢?"

南大吉回答:"都是良知告诉我的。"

王阳明就说:"我不是经常在讲良知吗?"

南大吉听了会心一笑。

过了一段时间,南大吉觉得自己又犯了很多错误,对王阳明说:"与其等我犯了错误再悔改,不如老师您见我要犯错的时候就提醒一下。"王阳明回答:"自我反省的效果,远远好于别人的劝告。"南大吉觉得很有道理。

又过了一段时间,南大吉又发现自己有更多的错误,问王阳明:"做错了事,改正还比较容易,但心里出现错误,不知道怎么去改正。"

王阳明开导他:"心就像镜子,没有打磨和清洗的时候,容易沾惹灰尘。要是心的镜子明亮了,哪怕只飘来一粒尘埃,在光洁的镜面上也很难粘住。这是成圣的关键,你要继续努力。"

这一段对话,值得我们反复研读,点出了王阳明心学内在理路:知行合一的功夫,是回到心的本体,唤醒良知。这个良知照亮我们的一生，让我们成为应该成为的人。通俗地说，王阳明翻来覆去讲的"致良知"，以及"一以贯之"，就是"做人"，这个做人，和太虚大师讲的"成人即成佛"，意思接近，我们只要在人格、心性的层面锲而不舍地磨炼自己，就能成就自己。

这本书原来的书名叫《做人：王阳明心学的真正传习》，出版于 2020 年 6 月。这次修订，我做了大幅改写，增加了二万多字，主要围绕"知行合一"，更清晰地梳理了王阳明心学的时代背景和思想史背景，尤其是和儒家、禅宗的关系。同时，这次改写还强化了"评传"色彩，在心学理论的诠释和王阳明生平的叙述上做到有机地结合，进而更好地呈现理论和观念的丰富内涵。仅仅学习法则是不够的，现实远比法则复杂。这本书提供的不是所谓的成功经验，而是方法论上的启示，以及对于人生的省思。愿我们每一个人都能找到自己内在的使命，在混乱的尘世过好有价值的一生。

费勇

2024 年 1 月

主要参考书目：

1.《王阳明全集（全四册）》（〔明〕王守仁撰，吴光、钱明、董平、姚延福编校，上海古籍出版社，2014年）

2.《传习录》（〔明〕王守仁著，费勇译，三秦出版社，2022年）

3.《王阳明传》（梁启超等，新世界出版社，2018年）

4.《阳明学述要》（钱穆，九州出版社，2022年）

5.《宋明理学与政治文化》（余英时，吉林出版集团有限责任公司，2008年）

6.《青年王阳明》（杜维明，生活·读书·新知三联书店，2017年）

7.《王阳明大传》（[日]冈田武彦著，杨田、冯莹莹译，钱明审校，重庆出版社，2015年）

8.《王阳明传》（李庆，上海古籍出版社，2021年）

9.《王阳明传习录详注集评》（陈荣捷，重庆出版社，2017年）

10.《王阳明与禅学》（[日]忽滑谷快天著，李庆保译，廖明飞审，时代文艺出版社，2018年）

知行合一：费勇讲王阳明心学

作者＿费勇

产品经理＿刘洪胜　　装帧设计＿林林　　产品总监＿黄圆苑
技术编辑＿陈杰　　责任印制＿刘淼　　出品人＿李静

果麦
www.guomai.cn

以 微 小 的 力 量 推 动 文 明

图书在版编目（CIP）数据

知行合一：费勇讲王阳明心学 / 费勇著. -- 西安：三秦出版社, 2024.7. -- ISBN 978-7-5518-3146-8
Ⅰ. B248.25
中国国家版本馆CIP数据核字第2024Q9W377号

知行合一：费勇讲王阳明心学

费勇　著

责任编辑	李梦悦
出版发行	三秦出版社
社　　址	西安市雁塔区曲江新区登高路 1388 号
电　　话	（029）81205236
邮政编码	710061
印　　刷	北京盛通印刷股份有限公司
开　　本	880mm×1230mm　1/32
印　　张	8.5
字　　数	175 千字
印　　数	1—12 000
版　　次	2024 年 7 月第 1 版
印　　次	2024 年 7 月第 1 次印刷
标准书号	ISBN 978-7-5518-3146-8
定　　价	49.80 元

网　　址　http://www.sqcbs.cn